경영 내비게이션
-업무 MIA 방지책-

경영 내비게이션
-업무 MIA 방지책-

ⓒ 김진혁, 2019

초판 1쇄 발행 2019년 8월 27일

지은이   김진혁
펴낸이   이기봉
편집   좋은땅 편집팀
펴낸곳   도서출판 좋은땅
주소   서울 마포구 성지길 25 보광빌딩 2층
전화   02)374-8616~7
팩스   02)374-8614
이메일   gworldbook@naver.com
홈페이지 www.g-world.co.kr

ISBN   979-11-6435-561-7 (03320)

이 도서의 국립중앙도서관 출판예정도서목록(CIP)은 서지정보유통지원시스템 홈페이지(http://seoji.nl.go.kr)와 국가
자료공동목록시스템(http://www.nl.go.kr/kolisnet)에서 이용하실 수 있습니다. (CIP제어번호: CIP2019031677)

CONTENTS
....

제3장 SCM 운영(마케팅, 영업, 구매, 생산, 물류, 연구)

제4장 재무운영

제5장 ERP 시스템의 구조

제6장 조직관리

프롤로그

회사에서는 어떤 일들을 할까? 대학교를 졸업할 즈음 회사를 지원할 때 어떤 일들을 하는지에 대해 막연하게 생각해 보고, 입사 후에도 몇 년이 지난 뒤에야 다른 부서에서 어떤 일들을 하는지 어렴풋이 짐작할 수 있게 된다.

일정 규모 이상의 회사에 입사하게 되면 대부분 특정 부서에 배치가 되어 부서에 특화된 일을 반복적으로 하게 된다. 그렇게 몇 년 지나다 보면 자신이 속한 부서의 업무와 일정 부분 관련된 부서의 일들은 자연스럽게 알게 되지만 그 외의 영역에 대해서는 잘 알 수 없는 경우가 많다.

일반 회사에는 사업계획을 세우고, 영업, 구매, 생산의 운영 정보가 회계에 이른 후, 손익과 운영 실적을 분석하여 어떤 부분의 개선점이 있는지 파악하여 다시 계획을 세우는 일련의 프로세스가 있다.

이 책은 회사생활을 시작하거나 업무 전반에 대한 이해를 높이고 싶은 직장인들 또는 회사에서 어떤 업무를 하는지 궁금증이 있는 구직자에게 도움을 주고, 내가 어떤 일을 했었는지 기억이 가물가물한 관리자들에게 실무의 추억을 제공하여, 통합적 관점으로 회사 운영을 바라볼 수 있도록 구성되어 있다.

축구로 따지자면 실무자는 선수이고, 팀장급 이상은 코치나 감독의 역할을 해야 한다. 선수 개개인은 자기의 능력을 최대한 발휘하되 다른 선수들과 조화를 이루어야 하고, 코치나 감독은 팀 전체를 바라보면서 선수 개개인의 실력과 장단점을 알고 있어야 경기력을 극대화하여 시합에 승리할 수 있다.

회사도 마찬가지로 관리자와 실무자 모두가 회사 전체를 바라보면서 분야별 업무내용을 이해하고 있어야 상하좌우 원활한 의사소통이 이루어져 조직이 유기적으로 운영이 될 수 있다.

중요한 것은 어렵고 복잡하지 않다. 복잡한 것은 쉬운 단계가 여러 번에 걸쳐 일어난 것이다. 어렵지 않지만 놓치기 쉬운 중요한 일들을 하나하나 알아보도록 하자.

運營方法論 — 운영방법론

EXTERNAL

- 브랜드
- 협력업체: 품질, 비용, 납기
- 제품: 특장, 장점
- 마케팅: 가격, 제품, 촉진, 유통
- 소비자: 지역, 연령, 직업, 시간, 성별
- 거시환경: 사회, 경제, 정치, 트렌드, 경쟁업체

INTERNAL

- 관리: 규정관리, 손익관리, 문서관리, 조직관리, DATA관리
- 물류: 협부자재, 완제품, 창고, 운반, 수불
- 생산: 연구개발, 가동률, 인력채용, 품질, 공정
- 구매: 자재구분, 구매유형, 이동유형, 자재소요량
- 영업: 유통경로, 판매처, 영업조직, 제품구분, 계층구조
- 정체성

소비자에게 브랜드가 효과적으로 인식되게 하는 방법은 무엇인가?

어떤 제품을 어떤 소비자에 팔릴 것인가?

어떻게 제품의 특장점을 강조점을 강조할 수 있도록 만드는가?

어떤 유통 채널로 판매를 할 것인가?

협부자재, 완제품 재고에 대한 규모는 적정한가?

영업조직, 유통경로, 제품별 손익은 어떻게 되는가?

지속적으로 수익을 내는 건강한 조직을 만드는 방법은 무엇인가?

제1장

회사는
어떻게
구성되어
있을까?

1) 회사의 기본 구성요소

　회사를 구성하는 핵심 요소는 무엇일까? 떡볶이를 판다고 가정을 하자. 일단 떡볶이를 만들어 주는 사람이 있어야 한다. 그리고 떡볶이를 만들 도구와 재료가 있어야 하고, 마지막으로 떡볶이를 팔아 이윤이 얼마나 남았는지 확인하는 일이 필요하다. 이를 정리하면 다음과 같다.

- 판매할 제품: 떡볶이 (판매 아이템)
- 조리 도구: 철판, 주걱, 가스버너 (공장)
- 요리재료: 떡, 고추장, 파, 마늘, 설탕 (원부재료)
- 장부: 사용한 비용과 판매금액 정리 노트 (재무, 시스템)
- 인력: 떡볶이를 만들고 판매하는 사람 (직원)

이러한 기본 구성요소들을 기능별로 나누어 놓은 것이 조직이라고 보면 되겠다. 연구 개발을 통해 신제품을 개발하는 연구실(혹은 R&D center), 원부자재를 구매하는 구매팀, 생산을 하는 제조공장, 만들어진 제품을 판매하는 영업팀, 판매된 금액을 정리하는 회계팀, 마지막으로 이러한 일련의 과정을 입력하여 데이터로 모아주는 IT부서까지, 기능적으로 조직을 구분해 두었다. 마치 축구 경기에서 감독, 코치, 기술위원, 선수의 역할이 다른 것과 같은 이치이다.

 기능적인 부분으로 부서를 크게 구분해 보면 제품을 실제 만들고 판매하는 물류 영역과 이를 지원하기 위한 지원 영역, 그리고 이런 모든 행위들을 관리하고 회계 수치로 모아 주는 ERP 시스템이 있다.

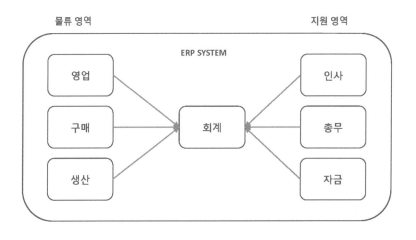

단순하긴 하지만 삼성전자나 애플과 같은 큰 대기업이나 동네 떡볶이 가게나 기본 구조는 동일하다. 대기업은 단순한 작업들이 복잡하게 얽혀 있기 때문에 쉽게 눈에 들어오지 않는다. 게다가 각 부서별로 하는 일들이 정해져 있고 일의 양도 많기 때문에 연관된 무언가를 생각하기는 쉽지 않다. 한 부서의 일도 깊이 있게 알기 위해서는 적어도 3년 정도의 시간이 필요하다. 물론 규모가 작은 중소기업의 경우 기능적인 구분이 애매하여 한 인원이 여러 가지 일을 하는 경우도 있다. 장단점이 있지만 한 분야의 전문가가 되기 위해서는 어느 정도 체계가 잡힌 규모가 있는 조직에서 업무 경력을 쌓는 편이 장기적인 관점에서 도움이 된다고 보인다.

그렇다면 실제로 회사에서는 어떤 방식으로 업무가 이루어지고 있는지 연간 진행되는 주요 업무 위주로 알아보자.

2) 사업계획에서 회계 결산까지, 1년의 살림

각 단계의 수행 업무를 세부적으로 살펴보기 전에 전체의 그림을 보고 들어가도록 하자. 우리가 학생 때 새 학기가 되면 공부계획(전혀 지켜지지 않았었던)을 세우듯 회사에서는 연말이 되면 그 다음 연도의 사업계획을 세운다. 매출 목표를 잡고, 달성해야 할 세부 과제를 세우는 작업이다. 물론 학생 때와 마찬가지로 지켜지지 못할 계획들도 많이 생긴다.

떡볶이 가게를 예로 들어 보자. "올해는 100인분을 팔았는데, 내년에는 200인분을 팔겠다."라는 목표를 세운다면 세부 과제로는 가게 매장을 넓히고 조리도구와 원부재료의 구매계획도 200인분에 맞춰서 계획하는 것이다.

이 계획을 바탕으로 각 사업부서[1]에서는 실제 운영을 하게 된다. 운영을 하고, 회계 결산을 한 후 실적에 따른 평가와 보상을 하면 1년의 운영은 종결이 된다. 회사는 이러한 사이클이 반복적으로 이루어지며, 반복적인 일을 얼마나 잘하느냐가 중요하다.

이러한 순환 사이클은 흔히 PDCA(Plan - Do - Check - Act)라고 불리는데, 계획을 세워 실행하고 개선하는 부분을 영어로 그럴싸하게 표현한 것이라고 생각하면 된다.

이러한 이유 때문에 이 책의 순서는 사업계획을 세우는 기획부서의 업무, 그 계획을 운영하는 연구, 영업, 구매, 생산의 SCM 영역, 앞의 물류 영역이 숫자로 기록되는 회계업무, 그리고 이러한 모든 내용을 전사적인 시스템으로 담는 ERP의 순서로 구성하였다.

---

1   비즈니스가 운영되는 사업군의 단위. 전자회사를 예를 든다면 핸드폰사업부, 가전사업부, 산업제품사업부와 같은 것이다.

제2장

전략기획 업무, 회사 운영은 계획부터

기획업무 썸네일

직무	책무	내용	비고
전략 기획	외부환경분석	거시환경, 경쟁자, 트렌드	
	내부환경분석	조직, 자금, 영업망, CAPA	
	사업기획	신규사업 기획, 제품 출시	종/횡 Business 확장
	투자계획	신규제품, 공장 CAPA 증설	
재무 기획	실적관리	영업매출, 손익	주요 factor 관리
	투자분석	투자계획 대비 실적	
	자금분석	유동성 관리	예산관리 포함
관리 기획	규정관리	전사, 인사, 영업규정	문서화 필수
	프로세스관리	회사의 업무 개선	PI 활동 포함
	조직관리	조직구조 개선	
	경영평가	정성/정량적 평가기준 수립	KPI 포함
감사	내부감사	특정 사안에 대한 감사	

1) 사업계획

"Everyone has a plan 'till they get punched in the face."

"누구나 그럴싸한 계획을 갖고 있다. 처맞기 전까지는."

- Mike Tyson

어릴 적 원하던 물건을 사기 위해 용돈을 모으거나, 학교 성적을 올리기 위해 계획을 세운 기억이 있는가? 물론 모으던 용돈은 다른 곳에 쓰고, 세웠던 공부계획은 친구들과 노는 시간으로 채워진 기억이 있지만 그나마 계획이 있었기에 부족하나마 비슷한 수준으로 결과를 얻었던 것 같다. 개인과 마찬가지로 기업에서도 한 해의 일을 시작하기 전에 사업계획이라는 계획(Planning)을 세운다. 여러 개의 사업부를 가진 대기업이라면 매우 다양하고 복잡한 사업계획을 세우겠지만, 단순한 구조를 가진 중소기업이라면 간단한 매출계획 정도만 세우거나 아니면 아예 계획 자체를 세우지 않는 경우도 있다.

여기서는 조금 규모가 큰 중견기업 이상의 규모에서 어떤 방식으로 사업계획을 세우는지 알아보도록 하자.

우선 사업계획은 왜 세우는가? 아마 기획팀 신입으로 들어가 첫 해 사업계획을 경험한 직원이라면 사업계획의 목적을 잘 모를 수도 있다. 왜냐하면 어느 정도의 틀이 잡힌 사업인 경우 신사업 추진이나 새로운 분야로의 진출보다는 기존의 매출을 일부 늘리는 방법으로 기존 사업계획서를 획기적으로(?) 수정하는 경우가 많기 때문이다.

진정한 사업계획의 목적은 내년에 우리가 달성할 목표를 설정하고, 이를 달성할 방법에 대해 외부적인 환경과 내부적인 자원을 고려하여 사업을 효율적으로 추진할 수 있는 실행 방안을 미리 작성하는 것을 말한다.

이해를 돕기 위해 쉬운 예를 하나 들어 보자. 어릴 적 좋아하는 운동화가 있었는데, 그 가격이 20만 원이다. 그런데 내 용돈은 한 달에 1만 원이라면 1년 8개월을 한 푼도 안 쓰고 돈을 모아야 운동화를 살 수 있다는 결론이 나온다. 내 목표는 내년 신학기에 새 신을 신고 등교하는 것이다. 그렇다면 용돈뿐만 아니라 추가로 돈이 생겨야만 신발을 살 수 있을 텐데, 어떻게 할 것인가? 결국 여름과 겨울 방학에 근처 편의점에서 아르바이트를 하여 10만 원 정도를 충당하기로 했다.

목표: 내년 신학기에 새 신발 구매(20만 원)
계획: 용돈(12만 원) + 아르바이트(10만 원)

사업계획이란 이처럼 목표를 세우고, 실행방안을 구체적으로 정리하면 완성된다. 회사에서의 사업계획은 이와 동일한 구조지만 몇 가지 단계가 추가되어야 한다. 우선 다음의 표를 살펴보자.

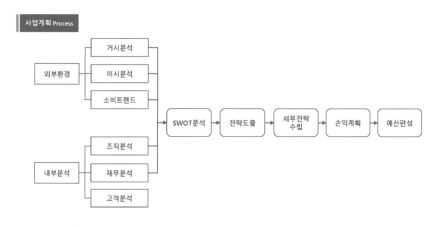

단순히 돈을 모아 물건을 사는 계획이라면 앞의 경우와 같이 간단한 사업계획이 나오겠지만, 일반 회사는 외부적인 환경, 내부적인

조직과 자금 등 여러 가지 부분에 대해 고민을 해야 한다.

각 항목에서 분석할 내용은 다음과 같다.

1. 외부환경: 트렌드, 경쟁자, 소비자, 공급자, 경제, 정치 환경 등
2. 내부환경: 개발능력, 제조 Capacity, 자금상황, 인력 등
3. SWOT: 외부 기회, 위기 요소, 내부 강점·약점 분석
4. 전략도출: 마케팅, 영업, 인수합병 등
5. 세부시행과제 선별: 시나리오별 수립
6. 손익계획: 예산 및 목표 손익

1-1) 외부환경분석

첫 번째로 회사를 둘러싸고 있는 사업환경에 대한 분석이다. 순차적으로 외부환경에 대한 분석부터 알아보도록 하자.

- 거시환경: PEST 등
- 미시환경: 경쟁업체, 협력업체, 관련업체
- 소비자 트렌드

기획 업무 중에 딱히 티가 나지 않지만 지속적인 관심을 기울이고 파악하는 부분이 바로 외부환경에 대한 분석이다. 거창하게 외부환경 분석이라고 이름 지어 놓긴 했으나, 알고 보면 간단한 것이다.

외부환경 분석에서 중요한 부분은 개별적인 항목들을 나열하여 정보를 얻는 행위가 아닌, 개별적인 항목들의 연관성을 분석하여 미래의 방향성과 내가 하고 있는 비즈니스에 끼칠 영향에 대해 분석하고 대응책을 찾는 일이다.

개념적인 내용만 보면 뻔한 내용이기 때문에 참치 횟집을 운영한다고 가정하고 이야기를 해 보도록 하겠다.

[리얼참치 사장님의 고민 1]

홍대에서 '리얼참치'라는 참치 횟집을 운영하고 있는 사장님은 큰 고민에 빠졌다. 참치의 가격이 폭등하여 메뉴판의 가격을 이천 원 올렸더니 손님이 눈에 띄게 줄어든 것이다. 가격을 올리지 않자니 가게 고정비조차 감당이 안 되고, 가격을 올리자니 손님이 줄어들고 어떻게 해야 할지 모르는 상황에 처했다. 왜 참치 가격이 폭등했는지 궁금했던 사장님은 이곳저곳에서 정보를 모으기로 했다.

우선 신문을 보니 다음 같은 기사가 눈에 띈다.

'태평양 국가, 참치 어획량 감축에 합의!'

"음… 어획량이 줄어든다는 말은 공급량이 달린다는 뜻이군. 우리 가게에 납품하는 경복수산은 태평양에서 조업을 하니 당연한 결과인가?"

한숨을 쉬며 신문을 덮고 근처를 서성이다가 인근에서 경쟁 관계에 있는 스타참치 옆을 지난다. 그런데 웬걸? 그 집은 손님이 북적거린다. 슬그머니 근처로 가서 메뉴판을 봤는데, 가격이 얼마 전 그대로다. "어떻게 가격을 올리지 않고 운영을 할 수 있지?" 사장님은 몹시 궁금하였다.

그래서 네이버에 검색이 가장 잘 된다는 Google을 검색어로 넣고, Google 검색창에 참치 가격에 대한 내용을 검색하기 시작했다. (검색은 구글이 최고)

이런저런 내용을 찾다 보니 인도양에서는 반대로 참치가 매우 많이 잡히기 시작했다는 기사를 발견하였다.

"그렇군, 스타참치에서는 인도양의 참치를 가져다 쓰나 보구나! 나도 인도양 참치를 유통하는 회사를 알아봐야겠다."

바로 다음 날 사장님은 스타참치에 납품하는 유통업체가 어디인지 파악하기 시작하였다. 알고 보니 동방수산이라는 대만 업체에서 참치 원어를 공급받고 있었다. 그런데 동방수산이라는 업체에서도 경복수산과 같이 태평양에서 조업을 한다는 사실을 알게 되었다. 분명 태평양에서는 어획량

감축을 한다고 했는데, 어떻게 된 영문인지 알 수 없었던 사장님은 다시 Google에 검색을 시작했다. 그러던 중 낚시를 통해 횟감용 참치를 잡던 전통적 조업방식에서, 최근에는 냉동기술의 발달로 그물로도 횟감용 참치를 잡기 시작했다는 내용도 읽게 되었다. 아마도 대만의 동방수산은 원양 기업에서는 최신기술로 무장한 선박으로 참치를 잡은 것 같았다.

사장님은 우선적으로 메뉴판의 가격을 낮추는 일을 급선무로 여기고 대만의 동방수산에 연락을 하려고 시도하였다. 그런데 대만 업체다 보니 한국어로는 소통이 되지 않아 고민을 하던 중 수입대행업체를 알게 되었고, 그 업체를 통해서 참치 수입에 성공하게 되었다.

메뉴판의 가격을 낮췄음에도 불구하고 스타참치의 손님은 여전히 많은데 비해 리얼참치에는 파리만 날리고 있는 상황이 지속되었다. 하루는 다찌(주방 앞을 마주보고 앉는 자리)에 정장 차림의 손님이 와 술을 마시기 시작하였다. 손님도 없고 심심하기도 하여 사장님은 그 손님에게 가게 운영이 잘 안 된다는 푸념을 늘어 놓았다. 얘기를 듣던 손님은 자기가 파워블로거라며, 내 블로그에 글을 올리면 가게 홍보에 도움이 된다면서 오늘 먹은 음식을 무료로 준다면 자기 블로그에 글을 올려 준다고 하였다.

파워블로거가 도대체 뭔지도 모르지만, 어차피 장사도 안 되는 판국에 손해 보는 일은 아닌 듯하여 사장님은 그 제안에 동의하였고, 파워블로거라고 자신을 소개한 손님은 여러 각도에서 음식 사진 및 내부 인테리어 사진을 찍기 시작하였다.

일주일 뒤 오전부터 갑자기 밀려드는 손님으로 인해 사장님은 당황하였고, 모든 재료가 소진되어 장사를 더 이상 할 수 없게 되었다. 어떻게 된 일인가 알아보았더니 손님들 대다수가 파워블로그에 게시된 가게 소개를 보고 왔단다.

장사를 하거나 작은 기업을 운영하는 사장님들은 리얼참치 사장님 같은 생각과 행동을 끊임없이 하기 마련이다. 다만 큰 기업의 경우에는 이와 같은 노력을 조직적으로 한다는 차이가 있을 뿐이다. 기업 규모의 대소에 관계없이 비즈니스에 영향을 주는 요인을 실시간으로 파악하여 적용하는 노력은 기업경영에 매우 중요한 요소 중 하나이다.

사장님의 경우 참치의 가격 상승으로 원재료비가 상승하는 부분을 경쟁업체 분석을 통해 낮은 가격으로 구매하는 방법을 찾았고, 파워블로거를 통해 홍보를 함으로써 가게 부흥에 성공하게 되었다.

외부환경을 분석하는 이유는 현재 내가 속한 비즈니스가 어떻게 가야 할지에 대한 큰 방향을 설정하는 것이다. 물론 내가 속한 비즈니스에 맞는 외부환경을 통찰력 있게 발견하는 부분은 꽤나 어려운 일이다.

다음 설명으로 넘어가기 전 외부환경 분석에 필요한 몇 가지 학문 용어를 살펴보자.

A. PEST 분석

교과서에 보면 PEST 분석이라고 설명이 되어 있는 부분을 볼 수 있다.

- P: Politics(정치)
- E: Economy(경제)
- S: Society(사회)
- T: Technology(기술)

PEST는 앞의 네 단어의 약자를 모아 만든 신조어로, 누가 제일 처음 말했는지는 크게 중요하지 않다. 이러한 환경들이 내가 처해 있는 비즈니스에 어떤 영향을 주는지가 중요한 포인트이다.

거의 대부분의 거시적인 환경에 대한 내용을 아우르기 때문에 우리가 신문 기사에서 볼 수 있는 모든 내용이 포함된다고 보면 된다.

B. 마이클 포터의 5세력 분석

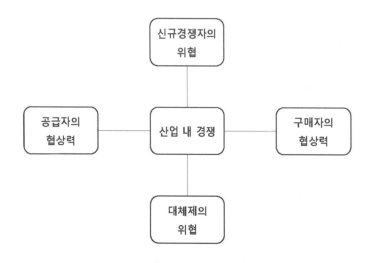

　자신이 속해 있는 산업 중 경쟁 우위에 있는 주체는 누구이며, 위협 요소가 어디인지를 한눈에 볼 수 있게 그릴 수 있는 모델 구조이다. 사장님이 운영하는 참치 횟집을 기준으로 보자면 공급자는 참치 원어를 공급해 주는 경복수산, 동방수산 같은 업체이고, 산업 내 경쟁자는 스타참치, 대체제는 근처 술집이 될 수 있겠다. 단, 현재의 산업을 기준으로 보는 미시적 환경 분석 모델이기 때문에 트렌드와 같은 거시적인 흐름의 변화를 보기에는 한계가 있다. 때문에 거시환경 분석이 이에 앞서 필요한 것이다.

C. BCG Matrix

보스턴 컨설팅 그룹에서 만든 BCG Matrix로 한 산업의 수명주기에 대한 내용을 볼 수 있는 도구이다. 시장 성장률(Market Growth)과 시장 점유율(Market Share)을 기준으로 산업이 어떤 위치에 있는지 보여 준다. 매우 유명한 내용이기 때문에 경영학을 배우게 되면 반드시 나오는 내용 중 하나이다.

- Stars: 성장률도 높으며 시장 점유율도 높은 산업
- Cash Cows: 성장률은 정체되었으나 시장 점유율이 높아 현금 유입이 많은 산업

- Question Marks: 성장률은 높으나 시장 상황이 불확실한 산업
- Dogs: 성장률과 시장점유율이 낮은 산업

Dogs는 매트릭스 상 사양산업이라고 여기기 쉬우나, 실제 기업 운영에서는 경쟁이 없는 분야에서 지속적으로 일정량의 현금이 창출되는 산업이 되기도 한다. 그리고 여러 산업을 같이 운영하는 회사 중 Dogs에 해당되는 산업군이 다른 산업에 기여를 하는 부분도 있기 때문에 BCG Matrix로만 산업을 분석하기에는 다소 한계점이 있기도 하다. 그럼에도 불구하고 현 산업에 대한 분석을 하기에 유용한 도구임에는 틀림이 없다.

외부환경 분석 중에서 가장 중요하게 생각해야 할 부분은 바로 소비자의 트렌드 변화이다. 아마존의 창업자인 제프 베조스의 경우도 운영 철학 중 가장 중요하게 생각하고 있는 것이 바로 소비자라고 이야기한바 있다. 모든 사업이 마찬가지겠지만 소비자에게 선택받지 못한 제품들은 시대의 저편으로 사라져 가기 마련이다.

Flash Memory의 개발이 확실시되고 있는 시점에서도 CD를 주력으로 했던 업체들이 사업 방향성을 변경하지 않고 결국 문을 닫은 사례를 보더라도, 외부환경에 대한 모니터링을 게을리하면 안 된다는 교훈은 충분히 얻을 수 있지 않을까.

1-2) 내부환경분석

내부환경에 대한 분석은 다소 주관적인 판단이 많이 들어가기 때문에 객관적인 기준을 가지고 움직이는 편이 좋다고 누구나 생각하지만, 그 기준 역시 애매모호한 경우가 많다. 마치 남성의 80%는 거울을 보고 자신의 외모가 괜찮다고 생각하는 것과 여성의 80%는 자신이 좀 통통한 편이라고 생각하는 심리와 비슷한 이치라고 하겠다.

내부분석을 하는 이유는 우리가 가지고 있는 역량과 자원이 얼마만큼인지 파악하여 사업 진행에 맞춰 자원 배분을 하기 위함이다. 내가 농구팀 감독이라고 할 때 평균 신장이 2미터가 넘는 농구팀을 상대로 평균 신장이 180센티미터도 안 되는 선수를 가지고 포스트 플레이(골대 앞에서 상대와 경합을 벌여 점수를 내는 플레이)를 지시한다는 건 한마디로 경기를 포기하겠다는 것과 다를 바 없다. 기업도 마찬가지로 외부환경의 변화에 따라 내부자원의 역량에 맞게 전략을 세우는 것이 필요하다.

삼성전자를 예로 들어 보자. 2000년대 초 반도체 시장은 중국과 대만 업체의 공격적인 생산과 판매로 삼성전자를 위협하고 있었다. 조금만 더 여유를 주면 후발 업체에게 따라 잡힐 것 같았던 삼성전자가 선택한 전략은 '치킨게임'이었다. 가격 덤핑으로 제조원가보다 낮은 가격으로 D-램을 판매하여 재무구조가 취약한 성장 업체를 견제한 것이다. 이렇게 삼성전자가 '치킨게임'을 선택할 수 있었던 이유는 사내에 많은 유보금이 있었기 때문이다. 적어도 2~3년가량 손해를 보고도 충분히 기업을 유지할 수 있는 체력(체력이라고 쓰고 돈이라고 읽는다)이 있었다. 물론 이러한 전략은 돈이 많은 회사나 쓸 수 있는 전략이다. 돈이 없다면 내부역량 혹은 자원에 대한 분석을 더 하고, 시장 확장을 위한 전략을 수행하기 위해 적절한 계획을 수립해야 한다.

내부환경 분석을 위해 사용하는 방법 중 하나가 맥킨지에서 발명한 '7S 분석 방법론'이다. 회사를 Hardware적인 부분과 Software적인 부분으로 구분하여 분석하는 도구로서, 균형 잡힌 시각으로 회사를 바라보게 해 준다. (라고 컨설팅 회사에서는 이야기합니다만 회사는 이론적으로 운영이 되지 않습니다.)

7S 분석은 물리적인 측면(Hardware)과 운영적인 측면(Software)으로 구분이 된다.

- Hardware: Strategy, Structure, System
- Software: Style, Skill, Staff, Shared value

각각의 S에 해당하는 항목들은 분석 단위이다. 문자 그대로의 뜻을 해석하는 일은 어렵진 않지만, 내부분석도 외부분석과 마찬가지로 각 항목의 연결관계가 어떠한지가 중요하다.

쉬운 것도 컨설팅 회사의 복잡하고 난해한 설명을 들으면 오히려 이해하기 어려운 경우가 많다. 다시 홍대에서 리얼참치 횟집을 운영하고 있는 사장님의 이야기를 통해 이를 알기 쉽게 설명해 보고자 한다.

[리얼참치 사장님의 고민 2]

파워블로그의 도움으로 손님을 끌어 모으는 데 성공한 리얼참치 횟집은 여러 가지 문제점에 봉착하게 되었다. 손님은 많이 오는데, 앉을 자리가 부족하고 음식을 준비하는 데 걸리는 시간도 늘어나다 보니 방문했던 손님들의 불만이 점점 높아지는 것이었다. 게다가 날씨는 추워서 가게 밖에 서 있는 손님들은 미세먼지 크기만큼의 인내심도 내어 주지 않고 바로 다른 가게로 이동을 해 버렸다. 갑작스러운 손님 증가에 대비가 되어 있지 않은 사장님은 당황하였고, 이런 상황을 해결하기 위한 고민이 시작되었다.

문제점은 크게 네 가지였다.

1. 손님이 가장 많이 몰리는 시간에 자리가 없음
2. 음식 대기 시간이 길어짐에 따라 재방문율 감소
3. 대기 중 이탈 손님 증가
4. 사장님 혼자 주방, 홀, 계산 등 전체 관리 불가

손님이 모두 빠진 후 홀로 남은 사장님은 생각에 빠졌다. 우선 자리 문제였다. 현재 옆 가게는 장사가 잘되지 않아 가게를 내놓은 것이 생각났다. '음~ 임대료가 한 달에 500만 원이던데… 한 달 수익이 대략 1천만 원 정도니까 그 정도는 감당 가능하겠지!'라고 생각하고 바로 가게 임대 계약을 하기로 결정하였다.

다음에는 음식 대기 시간이었다. 무작정 자리를 늘린다고 손님의 재방문율이 증가하는 것이 아니므로, 음식이 빨리 나오도록 하는 방안을 마련해야 했다.

손님이 적을 때는 사장님이 주방부터 계산까지 모든 일을 혼자 처리 가능했지만, 쓰나미처럼 밀려오는 손님들을 혼자서 모두 다 관리하기에는 물리적인 시간이 부족했다. '이는 구조적인 문제로군. 나 혼자는 이를 다 감당할 수 없으니 각 파트별 담당을 정해야겠다.' 바로 종이를 꺼내 주방, 홀, 캐시, 주차 등 각 파트에서 가장 일을 잘 하는 직원의 이름을 적었다. '주방을 초밥왕 쇼타에게 맡기면 음식이 빨리 나올 수 있고, 홀 서빙에는 잘생긴 카사노바를, 계산에는 머리가 좋은 폰 노이만을, 주차는 분노의 질주 도미닉을 배치하면 되겠군!'

마지막으로는 대기 인원의 이탈이었다. 가게 바로 앞에 정원으로 꾸며 놓은 마당이 있었는데 이를 온실처럼 만들어 놓으면 추운 겨울에 손님들이 따뜻하게 있을 수 있다고 생각을 한 사장님은 건축업체에 연락을 하여 임시로 대기할 수 있는 따뜻한 공간을 만들도록 조치하였다.

사장님이 지금 고민하고 있는 것이 바로 내부환경 분석이다. 손님의 증가로 피크 타임을 소화하기 위해 옆 가게를 임대하기 위해서는 자금이 필요하다. 자금계획을 수립하기 위해서는 현재 유입되는 현금흐름을 파악할 필요가 있다. 리얼참치 횟집은 한달의 순이익이 1천만 원으로 추가적인 5백만 원의 임대료를 감당할 수 있으므로 바로 임대하기로 결정이 가능한 것이었다. 이는 회사로 따지면 재무분석에 해당한다.

사업 규모가 커지게 되면서 봉착하는 또 다른 문제점은 책임과 권한의 분배이다. 작은 규모에서는 모든 사안을 전부 경영진에 보고를 하고 진행을 한다. 업무의 진행 또한 빠르다. 하지만 일정 규모 이상으로 커지게 되면, 경영진에게 모든 사안을 전부 보고하고 결정을 받는 일 자체로도 업무 진행이 지체된다. 대부분의 회사들이 성장하는 과정에서 겪게 되는 부분인데, 이는 책임은 주고 권한을 주지 않는 구조에 기인한다. 경영진이 조직의 성장에도 불구하고 기존의 의사결정에 대한 권한을 전부 가지고 있으려 하기 때문이다.

책임은 있지만 권한이 없는 경우 관리자가 업무를 할 수 있는 영역이 좁아지고, 사고의 폭이 클 수 없다. 각 파트에 관리자를 지정하고 권한을 주는 것은 조직구조와 결정권의 변경이다. 즉, 사장님은 각 파트의 관리자에게 지시하고, 세부적인 내용은 그 파트의 직원들에게 맡기는 구조이다. 조직운영과 관리에 해당하는 내용이다.

고객의 재방문율이 감소하고, 대기 인원이 이탈하는 부분에 대해서 분석한 결과는 음식 대기 시간이 길고, 추운 날씨를 버티지 못하는 게 큰 이유였다. 이를 해결하기 위해 조직구조를 변경하고, 마당을 리모델링하는 방법을 사용하였다. 고객분석에 해당하는 부분이다.

앞에서 설명했던 7S를 쉽게 풀어 설명해 보았다. 내부분석은 말 그대로 내가 사용 가능한 내부 자원(resource)이 무엇이며, 어떻게 사용할 것인가를 고민하는 것이다. 미래를 대비하기 위해 내가 쓸 수 있는 자원에 대한 분석은 다음 해의 사업계획을 추진하기 위한 기본 단계이다.

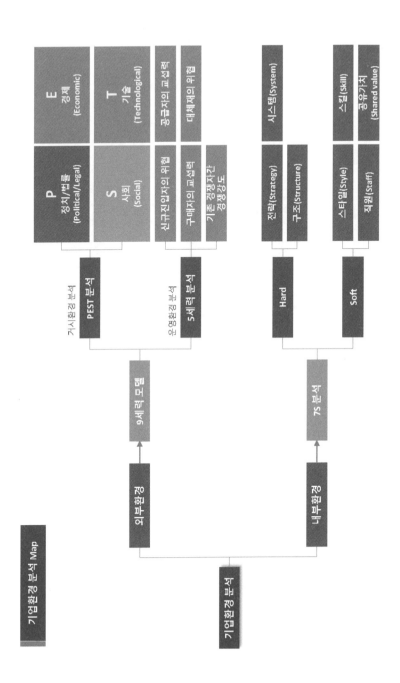

기업환경 분석 Map

기업환경 분석

외부환경 → 9세력 모델

거시환경 분석 → PEST 분석

P 정치/법률 (Political/Legal)
E 경제 (Economic)
S 사회 (Social)
T 기술 (Technological)

운영환경 분석 → 5세력 분석

신규진입자의 위협
공급자의 교섭력
구매자의 교섭력
대체재의 위협
기존 경쟁자간 경쟁강도

내부환경 → 7S 분석

Hard
전략(Strategy)
구조(Structure)
시스템(System)

Soft
스타일(Style)
직원(Staff)
스킬(Skill)
공유가치(Shared value)

1-3) SWOT분석과 전략도출

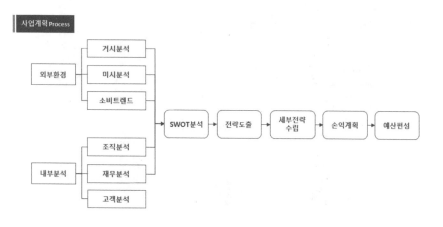

이제 외부환경과 내부환경을 분석했으니, 이 둘이 어떤 영향을 주는지, 우리가 무엇을 해야 하는지 고민해야 한다. 리얼참치의 경우 거시적으로는 참치 가격, 미시적으로는 경쟁업체인 스타참치에 대한 동향을 살펴야 하고, 내부적으로는 늘어나는 손님과 부족한 일손에 대한 대책을 마련해야 한다.

이를 많이 봐 왔던 SWOT 표에 대입해 보자.

구분		외부환경	
		기회 O	위기 T
내부환경	강점 S	SO	ST
	약점 W	WO	WT

외부환경은 기회(Opportunity)와 위기(Threat)로 구분이 된다. 리얼참치의 경우 외부 위기 요소로는 참치 가격이 상승하여 원재료 값이 올라갔다는 요인이었고, 기회 요소로는 IT 기술의 발달로 홍보를 효과적으로 할 수 있었다는 점이다.

내부환경은 강점(Strength)과 약점(Weakness)으로 구분이 된다. 약점이라고 생각되는 점은 앞에서 문제점으로 열거된 네 가지이고, 강점으로 볼 수 있는 점은 현금 유동성이 좋다는 점이다.

이를 조합하여 네 가지 전략을 만든다.

SO: 강점과 기회를 활용 → 공격전략

WO: 약점을 기회로 우회 → 우회전략

ST: 위험을 강점으로 돌파 → 만회전략

WT: 약점과 위험을 회피 → 회피전략

계속적으로 강조하는 부분이지만, 외부환경과 내부환경 분석에서 가장 중요한 부분은 상호 간의 연관성을 분석하여 회사 운영에 반영하는 것이다.

좀 더 현실감 있게 보기 위해 전 세계적으로 뜨거운 감자인 엘론 머스크가 운영하는 회사를 예로 보자.

엘론은 Space X, Tesla, Solar City의 큼직한 세 덩어리의 회사를 가지고 있다. 이분의 철학 중 한 가지는 에너지로부터 죄책감을 받지 않는 세상을 만드는 것인데, 이를 진행하기 위해 세운 회사들이 바로 앞에서 언급한 세 회사라고 판단된다.

Space X는 현재 재활용 발사체를 활용하여 우주선 발사 비용을 상당한 수준으로 줄였다. 언론에는 인류의 화성 이주를 계획하고 있다고 하지만, 우선 가능한 시나리오는 궤도에서 태양에너지를 모아 지구로 송출해 주는 무선 에너지 라인을 만드는 것이다. 아직까지는 기술력이 그 정도까지 발전하지 못했기 때문에 중간 단계로 Solar City를 활용하고 있다고 보인다. 자연에너지를 활용하는 기술로, 에너지에 대한 생산 비용을 낮추는 것이다. 이와 더불어 에너지를 저장하는 기술도 필요한데, 바로 테슬라가 에너지를 저장하는 배터리 기술을 향상시키고 있다.

즉, 태양에너지를 전기에너지로 전환하여, 이를 배터리에 저장하는 사업 구조를 보이고 있다.

그럼 이 회사들이 처한 환경을 살펴보자.

외부환경
- 기회: 환경 오염으로 친환경적인 에너지에 대한 요구가 높아짐
- 위기: 화석연료 업체의 훼방과 경쟁업체들의 추격

내부환경
- 강점: 수직계열화를 이용한 낮은 생산 단가
- 약점: Tesla의 차량 물량을 소화하지 못해 유동성 문제 발생

친환경 에너지에 대한 관심을 높이기 위해 테슬라라는 매력적인 디자인의 전기차를 만들었다. 대부분 관심을 가지는 부분은 '차'라는 외관이지만 핵심은 사실 보이지 않는 배터리 기술이다. '전기차=친환경'이라는 인식이 드는 부분도 있지만, 전기를 만들기 위해 소모하는 화석에너지 또한 환경 파괴의 요인이 된다. 이에 대한 연결고리를 끊기 위해서 친환경 에너지를 생산하는 솔라시티라는 회사를 인수하여 전기차 충전소에 태양광 패널을 공급하고 있다. 수직계열화를 통해 에너지 공급 단가를 상당 부분 낮추는 효과가 있다

고 보여진다. 외부기회요인과 내부강점을 활용한 공격 전략으로 타 경쟁업체에 비해 선도적인 이미지 메이킹에 성공하였고, 정부지원 또한 잘 받고 있는 편이다.

우호적인 외부환경과 수직계열화를 통한 단가 절감에도 불구하고, 현재 테슬라는 많은 문제점을 안고 있다. 우선 외부적으로는 도요타, 쉐보레 등 내연기관을 중심으로 하는 자동차 업체들 또한 전기차 양산을 시작하였다. 뿐만 아니라 친환경 자동차 기업이라는 초기 이미지 효과로 많은 자동차 주문이 들어왔지만, 내부 생산능력이 따라오지 못하여 납기 지연이 계속적으로 발생하고 있다. 또한 자율주행 중 사고에 대한 부정적인 기사가 회사의 이미지에 타격을 입히고 있는 상황이다.

앞의 상황을 놓고 봤을 때 테슬라가 선택할 수 있는 전략은 무엇일까?

우선 시장 선점효과를 그대로 누리는 것이다. 계속적인 신차 출시, 정부 지원을 통한 충전소 확장을 통해 소비자의 유지비용을 낮추는 방법이다. 유지비용이 낮다는 이점은 소비자를 끌어 모으기 좋은 유인책이며, 타 경쟁업체들이 진입한다 하더라도 경쟁의 우위를 유지하기 좋다. 또한 약점으로 비춰지는 자동차 생산능력을 향상시키기 위해 공장 증설을 계획하고 있다. 물론 투자 자금이 필요하여 투자자를 끌어 모으거나, 주식발행 혹은 계열사에서 돈을 수혈받는 방법으로 취약한 자금 유동성 부분에 대한 대응을 하는 것이다.

1. 적절한 선점효과를 누리며, 2. 생산능력을 확장하고, 3. 유동성 부분을 해결하는 것을 앞으로의 전략방향으로 설정했다고 가정하자. 그 이후 해야 할 것은 앞에서 단순하게 나열했던 건들을 좀 더 세부적으로 계획하는 것이다. 각각의 항목에 대해 좀 더 깊이 있게 고민하고 실행하는 방법을 찾아 세부전략을 도출하는 것이 다음 단계이다.

물론 현재 운영하고 있는 사업뿐만 아니라 관련된 신사업에 대한 부분도 전략 도출 시 고려 대상이 된다. 엘론이 운영하는 회사의 구조를 보면, 아마도 신사업은 태양광 패널을 부착하고, 배터리가 설치된 친환경 거주지가 될 가능성이 있어 보인다.

1-4) 세부전략 수립

큰 방향의 전략이 도출되었다면, 그 다음에 할 일은 세부전략의 수립이다. 기존에 예를 들었던 엘론 머스크가 운영하는 회사의 전략에 대해 조금 더 세부적인 전략도출을 해 보도록 하자. (feat. 상상력&허구소설)

SWOT 분석을 통하여 외부환경과 내부환경의 강약점을 파악하고 나면, 그에 맞춰 전략을 도출해야 한다.

이 에너지 그룹의 전략을 크게 다음의 네 가지로 결정했다고 하자.

1. 친환경 에너지의 선두 회사로, 적절한 선점효과 유지
2. 전기차 생산능력 확장
3. 유동성 해결
4. 친환경 주택 신규 사업 도입

세부전략의 수립은 각각의 항목별로 어떤 방식으로 진행할지 세부적인 진행 계획을 수립하는 단계이다. 이때 많이 사용하는 기법이 로직트리라는 정리 방식이다.

로직트리(Logic tree)란 한 가지 주제를 가지고 여러 가지 방향으로 사고의 확장을 해 주는 것이다. 왜 문제인지, 어떻게 해결해야 하는지, 무엇을 해야 하는지에 대한 분석이다.

시장 공급물량이 부족하기 때문에(Why), 전기차 생산능력 확장이 필요하고(How), 생산능력 확장을 위해서는 기존 공장의 생산성을 높이거나 추가 공장을 건설하는 방법(What)이 있다.

로직트리는 보는 바와 같이 한 가지 주제에 대해 깊이 있게 사고의 확장을 하면서 가장 근본적인 부분까지 질문을 던져가며 파악하는 방식이다. 도출된 전략에 대해서도 이와 같이 사고의 확장을 하면서 무엇을 어떻게 하면 전략을 성공시킬 수 있을지 고민을 해야한다. Why Tree로 시작하여 How Tree, What Tree의 순서로 사고확장이 된다.

'전기차 생산능력 확장'을 예로 들어 보자. 생산능력을 높이는 방법으로 생각할 수 있는 것은 기존 공장의 생산성을 높이거나, 신규 공장을 추가하는 방법이다. 한 단계 더 내려가서 기존 공장의 생산성을 높이는 방법은 노후 설비 교체 혹은 연구 개발을 통해 새로운 기술을 개발하는 것이다.

HOW TREE

```
어떻게 전기자 생산능력을          기존 공장의 생산성을 높인다          노후 설비를 교체한다
확장 할 것인가?
                                                                연구개발을 한다

                              공장을 추가한다                      기존 공장을 인수한다

                                                                신규 공장을 설립한다
```

    이런 방식으로 계속적으로 사고의 확장을 하다 보면 더 이상 내려 갈 수 없는 단계까지 도달하게 된다. 그러면 다시 역으로 어떻게 다 음 단계서부터 실행할 수 있는지에 대한 세부계획을 세운다.

    세부전략수립은 본인이 속해 있는 회사나 사업영역에 맞게 수립 해 보기 바란다.

1-5) 예산수립 및 손익계획

사업계획의 마지막은 예산수립과 최종적인 손익계획을 세우는 것이다. 사업부서에서의 손익계획에 기타 지원부서(회계, 인사, 연구팀 등)의 판관비를 더하면 전체 회사의 손익계획이 탄생하게 된다.

앞서 예를 들었던 SPACE X, 테슬라, 솔라시티의 손익계획을 표로 만들자면 다음과 같이 그릴 수 있을 것이다.

구분	SPACE X	테슬라	솔라시티
매출액	10,000원	2,000원	1,000원
판매물품	운송서비스	전기차	전력
주요요인	발사횟수	판매대수	송출량

우선 매출액에 대한 산정이다. SPACE X는 인공위성이나 우주정거장에 물품을 전달해 주는 일을 수행하면서 매출을 일으킨다. 우주선의 발사 횟수가 매출이 된다. 매출을 산정하려면 이와 같은 매출에 대한 판매요인을 수립해야 한다. 발사횟수당 1,000원을 받고, 금년에 계획된 10번의 발사 횟수를 매출 산정의 근거로 한다. 마찬가지로 테슬라는 전기 자동차를 판매하는 업종이다. 그렇기 때문에 전기차의 판매대수×판매금액이 전체 매출액이 된다.

사업군이 단순하거나 SKU가 몇 개 되지 않는다면 매출계획은 비교적 간단하게 마무리할 수 있다. 그러나 유통채널이 매우 복잡하거나 SKU가 많은 사업의 경우, 조밀한 계획을 세우기 무척 어렵다. (그래서 B2B가 관리적 측면에서 유리한 부분이 있다.)

매출계획을 세우고 난 다음에는 원가 부분으로 넘어간다. 매출원가(제조회사라면 제조원가)로 표현되는 부분인데, 저 물건(혹은 서비스)을 판매하기 위해 얼마의 비용이 들어갔느냐 하는 것이다. 사업계획 시 산정하는 원가의 대부분은 합리적인 추정에 의한 원가이다. 물론 거의 딱 맞아 들어가는 항목도 있겠지만, 모든 요소를 다 파악하여 적용한다는 것은 쉽지 않은 일이다.

간략히 매출원가를 어떻게 산정하는지 예를 들자면 다음과 같다.

구분	SPACE X	테슬라	솔라시티
매출원가	9,000원	1,900원	550원
원재료비	4,000원	800원	200원
부재료비	3,000원	700원	100원
노무비	1,500원	300원	100원
감가상각비	500원	100원	150원

앞의 원가에 대한 산출기준은 다음과 같다.

구분	SPACE X	테슬라	솔라시티
원재료비	발사체 제작비	자동차 제작비	패널 제작비
	수량×원가	수량×원가	수량×원가
부재료비	연료, 부동액	악세서리	설치랙
노무비	100명×15원	20명×15원	10명×10원
감가상각비	발사대, 발사체	공장	패널

매출원가에 대한 부분은 업종에 따라 달라지기 때문에 그 회사의 특성에 맞게 누군가는 만들어 놓았을 것이다. 만약 그런 엑셀파일을 못 보았다면 규모가 작아 별도로 관리할 필요성이 없거나, 아니면 관리는 하고 싶으나 어떻게 해야 할지 방법을 몰라 다른 방법으로 관리를 하고 있을 것이다.

간단하게 표현을 했지만, 비용에 대한 부분을 세부적으로 나누면 꽤 복잡해진다. 매출원가에 대한 산정을 위해 기초재고/당기입고/기말재고에 대한 평가 부분까지 계획단계에서 관리하는 회사도 있으니 말이다. 어느 정도 수준으로 관리할지는 회사의 규모나, 경영진의 관점에 따라 달라지기 때문에 반드시 어떻게 해야 된다는 정답은 없다.

다시 산출기준을 보자. 원재료비로 간단히 표현해 두었지만 SPACE X의 경우 발사체를 만들기 위한 프레임, 전자장치, 강화유리

등 여러가지 비용 요인들이 있다. (쓰다 보니 SPACE X의 진짜 사업
계획은 어떻게 쓰일지 궁금해진다.) 이러한 비용 요인들을 합리적
인 추정, 예를 들어 '10개의 발사체를 판매하기로 계획되어 있으니
발사 프레임도 10개 들어 갈 것이다.'와 같은 방식을 말한다.

매출원가가 작성이 되었으면 그 다음으로 산정해야 하는 것이 판
매 및 관리비이다. 판매 및 관리비에 대해서는 공통비(관리직원의
인건비, 수도광열비 등)의 배부기준이 중요하다. 각 부서에서 반드
시 발생하는 부분에 대해서는 명확하게 배부가 가능하지만, 공통비
성으로 분류가 되는 항목들은 기준에 따라 부서 손익이 달라지기
때문에 사전에 각 부서나 사업부와 결론을 내놓는다. 배부기준은
사업부의 매출기준, 인원기준, 아니면 다른 내부적인 합의기준 등
여러가지 사항을 고려하여 만들 수 있다.

이렇게 정리를 하면 영업이익에 대한 부분이 완성된다. 추가적으
로 영업 외 수익/비용, 법인세 비용까지 고려를 하면 재무적인 손익
계획까지 완성이 된다.

단, 판매 및 관리비와 관련하여 손익에 따라 조정을 하게 되는데,
손익이 좋으면 예산을 좋게 확정할 수 있고, 손익이 좋지 않으면 복
리후생과 관련된 예산을 조정하여 손익이 좋아지는 쪽으로 수정할

수도 있다.

　지금까지 회사의 시작을 알리는 사업계획에 대해 알아보았다. 실무로 들어가 보면 연말은 한 해의 마감이자 새로운 해의 시작을 준비하기 때문에 상당히 바쁜 시간을 보내게 된다. 특히 기획 업무를 하는 분들이라면 가장 싫은 시기이기도 하다.

계획을 세웠으면 실적 관리도 해야 한다. 통상적으로 '관리회계(Managerial Accounting)'라고 부르고 있는 부분인데, 재무회계(결산을 통해 외부감사를 받는 자료)와는 구분되는 내부 관리 목적의 실적 관리 도구이다.

통상적으로 채용 공고에 나오는 경영실적 관리는 '관리회계'를 의미한다. 경영실적을 수치화하여 관리하는 업무이며, 작은 중소기업에서는 보기 어렵고 적어도 중견기업 이상의 기획팀에서만 볼 수 있는 업무 영역이다. 왜냐하면 작은 중소기업은 사업계획을 세우지 않는 경우가 많기 때문에 실적만 보는 경우가 많은데, 이조차도 집계를 따로 해야 할 만큼 큰 일이 아니기 때문이다.

어떤 방식으로 운영이 되는지 글로만 보면 와닿지 않기 때문에 구체적인 사례를 들어 설명을 해 보도록 하자.

[제2의 인생, The Tuna Store 창업]

홍대 리얼참치의 카운터에서 일하다가 실적이 좋아지지 않자 정리해고를 당한 나긍정 씨는 충격에서 벗어나지 못하고 있었다. 하지만 아이들의 학비와 생활비를 생각하니 멍하니 있을 수도 없고, 어떻게 살아나가야 할지 바로 고민을 시작하게 되었다.

'재취업을 할까? 아니야, 지금 나이에는 취업은 어려울 것 같아. 그러면 막노동 판에 뛰어들어? 아니지, 버는 돈보다 약값이 더 나올 거야.' 등등 많은 것들이 머리 속을 꽉꽉 채우고 있었다. 그러던 중 불현듯 창업에 대한 욕구가 솟구쳤다.

"그래, 지금껏 남 아래 있으면서 남 좋은 일을 시켰으니, 이제는 내 사업을 해 볼 때도 됐지!" 이렇게 결심을 하고 자신이 그래도 강점이 있다고 생각하는 생선과 관련된 사업을 해 보기로 했다.

"가게의 이름은 The Tuna Store로 하자!"

가게를 임대하고, 생선을 매입하여 판매를 시작하였다. 초반에는 생선 매입부터 잘되지 않아 어려움도 겪었지만, 시행착오를 겪으며 하루하루 지나다 보니 점점 익숙해지고, 매출도 조금씩 오르게 되었다.

첫해를 무난히 넘겨 다음 해를 바라보고 있을 즈음, 그냥 막연하게 판매를 하기보다는 좀 더 장기적인 관점에서 사업을 운영하고 싶은 마음이 들었기 때문이다. 그래서 다음 해의 사업계획을 세워 보기로 했다.

올해 말까지 수지를 예측해 보니 수중에는 현금 4천 7백만 원이 남을 것으로 예상이 되었다. 우선 매출 계획을 세웠다. 처음에는 고등어만 판매를 했는데, 내년에는 오징어와 삼치를 추가하여 판매를 해 보기로 결심했다.

매출계획은 다음과 같이 수립을 하였다.

구분	1월			2월			3월
	수량	단가	금액	수량	단가	금액	…
고등어	100마리	3,000원	300,000원	100마리	3,000원	300,000원	…
오징어	30마리	5,000원	150,000원	30마리	5,000원	150,000원	…
삼치	30마리	2,000원	60,000원	30마리	2,000원	60,000원	…

매출 실적에 맞춰 비용계획도 세워야 한다. 비용은 생산에 필요한 매출원가(제조업체에서는 제조원가)와 판매 및 관리비로 구분된다. 이 둘을 구분하는 기준은 판매되는 제품 이전의 생산공정에 들어가는 비용은 매출원가, 판매할 수 있는 형태로 갖춰진 제품을 판매 시 들어가는 비용은 판매 및 관리비로 구분할 수 있다.

The Tuna Store는 앞의 세 가지 판매 품목에 대한 매출원가를 산정한다.

이해를 돕기 위해 그 달에 매입한 품목들은 그 달에 전부 판매된다고 계획을 세운다. (제품 특성상 신선도가 떨어지면 판매할 수 없으므로)

구분	품목	1월			2월		
		수량	단가	금액	수량	단가	금액
매출	고등어	100마리	3,000원	300,000원	100마리	3,000원	300,000원
	오징어	30마리	5,000원	150,000원	30마리	5,000원	150,000원
	삼치	30마리	2,000원	60,000원	30마리	2,000원	60,000원
	합계	160마리	10,000원	510,000원	160마리	10,000원	510,000원
매출원가	고등어	100마리	1,500원	150,000원	100마리	1,500원	150,000원
	오징어	30마리	3,000원	90,000원	30마리	3,000원	90,000원
	삼치	30마리	1,000원	30,000원	30마리	1,000원	30,000원
	합계	160마리	5,500원	270,000원	160마리	5,500원	270,000원

물론 제조공정을 가지고 있는 제조업체의 경우, 제조원가에 들어가는 노무비, 원/부재료비, 감가상각비, 기타 간접비 등 여러 가지를 집계하여 원가를 산정하게 된다.

그 다음에는 판매 및 관리비의 산정이다. 상품의 판매를 위해서는 냉장고, 소금, 비닐봉지, 아르바이트생 등에 비용이 투입된다. 관리회계에서는 이 부분을 산정할 때 합리적인 추정을 하게 된다.

예를 들어 고등어 100마리 판매 시 들어가는 비닐봉지는 '100개×10원(단가)=1,000원'과 같은 방식이다. 크게 들어가는 비용에 대해서는 이러한 합리적 추정을 근거로 집계가 된다.

구분	품목	1월			2월		
		수량	단가	금액	수량	단가	금액
매출	고등어	100마리	3,000원	300,000원	100마리	3,000원	300,000원
	오징어	30마리	5,000원	150,000원	30마리	5,000원	150,000원
	삼치	30마리	2,000원	60,000원	30마리	2,000원	60,000원
	합계	160마리	10,000원	510,000원	160마리	10,000원	510,000원
매출원가	고등어	100마리	1,500원	150,000원	100마리	1,500원	150,000원
	오징어	30마리	3,000원	90,000원	30마리	3,000원	90,000원
	삼치	30마리	1,000원	30,000원	30마리	1,000원	30,000원
	합계	160마리	5,500원	270,000원	160마리	5,500원	270,000원

매출총이익	고등어			150,000원			150,000원
	오징어			60,000원			60,000원
	삼치			30,000원			30,000원
	합계			240,000원			240,000원
판관비	인건비	1명	50000원	50,000원	1명	50000원	50,000원
	소금	50포대	1000원	50,000원	50포대	1000원	50,000원
	비닐	160개	10원	1,600원	160개	10원	1,600원
	전기세	100와트	5원	500원	100와트	5원	500원
	합계			102,100원			102,100원
영업이익				137,900원			137,900원

　이렇게 판매 및 관리비까지 정리를 하여 비용 계획을 완성하게 되면 월별 손익계획이 세워지게 된다. 이를 기준으로 월별 실적을 집계하고 관리하는 것이 경영실적이 되는 것이다. (보통은 별도 엑셀 시트에 실적 부분을 동일한 양식으로 만들어 놓고 실제 발생되는 매출, 비용을 정리하게 된다.)

단순하게 알아보았지만, 사업부가 많거나, 계열사가 많은 경우에는 정리하는 데 꽤 많은 시간을 투자해야 하며, 각각의 숫자가 어떤 의미를 내포하고 있는지 이해가 되도록 자료를 만들고, 설명할 수 있어야 한다. 실무경험이 있는 사람이라면 숫자가 의미하는 바를 바로 알 수 있겠지만, 기획실에서 숫자만 보는 사람은 놓치는 것들이 꽤 많이 있다. 그렇기 때문에 때에 따라서는 사업부 경험이 필요할 수도 있다. (물론 똑똑하고 경험이 많은 분들은 자리에 앉아서도 다 알기도 한다.)

3) 경영평가

일 년간의 운영을 마치고, 회사는 각 사업부 혹은 부서별로 경영 평가를 진행한다. 만약 회사가 사업부제라면 관리손익에 따라 실적 평가를 받게 될 것이고, 작은 회사라면 하나의 재무실적으로 평가를 받게 된다. 그리고 조직이 커지고 업무가 다양해질수록 개인까지의 평가를 하기는 매우 어려워지는데, 이를 위해서 평가 항목을 매우 세부적으로 나눠 놓기도 한다. 그러나 기본적으로는 회사의 손익에 따라 연말 상여금이 결정되는 경우가 많기 때문에, 전체적인 실적이 가장 중요하다.

회사의 실적을 알 수 있는 방법은 회계 결산을 통한 재무실적이 기본이다. 전년대비 금년도 매출액, 영업이익 상승률이나, 사업계획의 목표 대비 실적 달성률 등의 방법으로 한 해의 농사를 잘 지었는지 아닌지를 평가한다.

매년 사업계획은 성장 지향적인 부분 때문에, 어느 정도 성숙기에 이른 산업에 속해 있는 회사의 경우에는 사업계획을 세우기가 애매한 경우가 많다. 이럴 경우에는 연관된 다른 업종으로 사업 확장을 하거나, 완전히 다른 업종으로 신사업을 벌이는 등 사업의 성장을 위한 다른 방법을 고민해야 한다.

KPI(Key Performance Index)라는 지표 관리가 있다. 목표 달성을 위해 필요한 주요 지표들의 성적을 매기는 도구인데, 대부분의 회사에서 사용하고 있다. 물론 KPI라는 말이 아닌 다른 용어로 운용되고 있을지 모르겠지만, 대부분 이와 비슷한 방식으로 운용되고 있을 것이다.

KPI 수립은 기본적으로 Top-down이다. 목표를 달성하기 위해 관리해야 할 주요 과제를 경영진에서 각 부서에 내리는 것이다. 어떤 회사들은 Bottom-up으로 개인이나 부서의 과제를 스스로 세우게 하는데, 회사의 목표와 개인이나 부서가 수립한 목표가 같을지는 의문이다. 물론 목표 공유나 소통이 잘되는 조직이라면 모르겠지만…. (극단적으로 '청소를 잘하겠다, 지각하지 않겠다.'라는 목표가 나올지도 모르겠다.)

예를 들어 소나 돼지, 닭 등을 취급하는 회사가 수직계열화를 목표로 KPI를 설정한다고 가정하자. 회사가 최종적으로 추구하고자 하는 바는 수직계열화를 통해 전사적인 시너지 효과를 창출하는 것이다. 그러기 위해 필요한 전략과제를 세우고, 세부적인 추진과제를 선정한다. 마지막으로 그 목표를 달성하기 위한 KPI는 그 최하단의 계량적인 부분을 차지하게 된다. (다음 장의 수직계열화 표 참고)

이처럼 KPI는 경영진이 목표를 이루기 위한 과정을 관리하는 방법이다. 잘 활용하면 큰 도움이 되나, 너무 세부적으로 관리하게 되면 오히려 과잉관리가 되어 수치관리를 위해 실무적인 업무보다 평가자료 작성에 더 많은 시간을 사용하게 되므로 적정선까지만 평가하면 된다고 본다.

지금까지 기획업무에 대해 알아보았다. 기획업무가 중요한 이유는 한 회사의 방향성을 수립하고, 조직이 그 방향으로 잘 가고 있는지 아닌지를 계속적으로 확인하는 기능을 하고 있기 때문이다. 그렇기 때문에 앞서 언급했던 것처럼 기획업무를 하는 사람은 전체적인 부분뿐만 아니라 세세한 부분까지도 잘 알아야 한다.

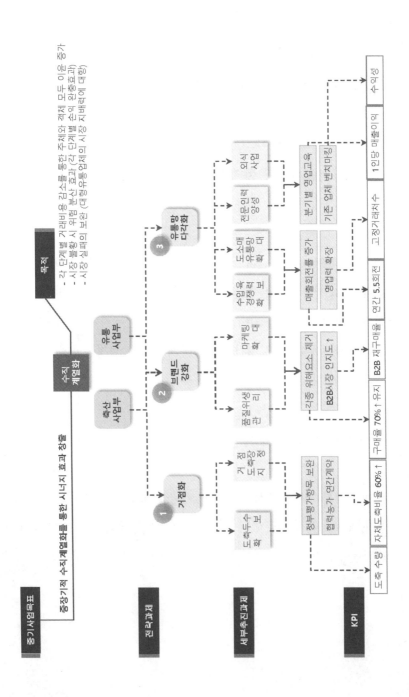

중장기적 수직계열화를 통한 시너지 효과 창출

중기사업목표

목적
- 각 단계별 거래비용 감소를 통한 주체와의 격차와 머투 이윤 증가
- 시장 불황 시 위험 분산 효과(각 단계별 순이 완충효과)
- 시장 실패의 보완 (대형유통업체의 시장 지배력에 대항)

| 축산사업부 | 유통사업부 |

전략과제

1 계열화 → **2 브랜드 강화** → **3 유통망 다각화**

세부추진과제

계열화: 도축두수 확보 · 거점장 도축유지
브랜드 강화: 품질위생 관리 · 마케팅 강화
유통망 다각화: 수입육 경쟁력 확보 · 도소매 유통망 확대 · 전문인력 양성 · 외식사업

정부 평가항목 보완 · 협력농가 연간계약
거출 위해요소 제거 · B2B시장 인지도↑
매출회전률 증가 · 영업력 확장
분기별 영업교육 · 기존 업체 벤처마킹

KPI

| 도축 수량 | 자체도축비율 60%↑ | 구매율 70% 유지 | B2B 재구매율 | 연간 5.5회전 | 고정거래처수 | 1인당 매출이익 | 수익성 |

잡담1: 사내 영업의 달인, 기획팀

　영업이 외부 사람들을 대상으로 하는 판매 활동이라면 기획은 내부 사람들을 대상으로 하는 판매 활동이다. 다시 말하면 기획 업무를 하는 사람은 내부 사람들로부터 사랑을 받아야 한다. ERP 시스템이 잘 갖춰져 있더라도 그 숫자 속에 숨겨진 배경을 알려면 일단 정보를 들을 수 있어야 한다. 하지만 실무를 하는 사람들이 그냥 정보를 줄 리 없다. 관계를 맺고 신뢰가 쌓인 뒤에야 자세한 정보를 주기 마련이다.

　처음 기획실에 입사를 하게 될 경우 각 사업부별 경영실적 취합이나 원가분석 등, 숫자만 보고 업무를 하게 된다. 숫자만 본다면 늘었다, 줄었다 정도의 표면적인 부분은 보이겠지만 그 숫자 뒤에 숨겨진 디테일은 알기 어렵다. 또한 진짜 기획을 하려면 현장의 생생함을 머릿속에 그릴 줄 알아야 하는데, 직접 업무를 해 보지 않는 이상은 담당자를 통해 듣는 방법밖에는 없다. 때문에 사내 영업을 통해 그들과 친해지는 방법을 기획의 중요한 업무 중 하나라고 말하고 싶다.

잡담2: 최고의 인생전략 - 언제든 수정 가능한 전략

이 세상에 고민이 없는 사람은 아무도 없을 것이다. 매 순간 최선의 선택을 하려고 노력을 하지만, 시간이 지난 후 후회를 하는 경우가 대부분이다. 그렇다면 후회를 하지 않기 위한 최고의 인생전략이 존재하는가? 당연히 그런 전략은 존재하지 않는다. 그러므로 항상 최선을 추구하되 차선책도 염두에 두는 여유 있고, 유연한 마음의 자세가 중요하다.

인생을 살면서 가장 좋지 못한 전략은 배수진을 치는 전략이라고 생각한다. "공무원 합격만이 나의 최종 목표이며, 다른 업종은 쳐다보지도 않겠다."라고 취업전략을 세운다면, 공무원으로 들어가지 못하면 어떻게 하겠다는 PLAN B가 없는 셈이다. 만일 "공무원 합격이 목표지만, 5년 내 합격하지 못한다면 다른 업종에서 경력을 쌓고 공공기관으로 이직할 방법을 찾아보겠다."라고 목표를 잡았다면 좀 더 유연하게 목표에 도달할 수도 있었을 것이다.

얼굴을 조각할 때 코는 크게, 눈은 작게 조각한다. 그 이유는 코를 작게 조각하고 난 뒤 크게 만들지 못하며, 눈은 크게 만들어 놓은 뒤 작게 되돌리지 못하기 때문이다. 이처럼 인생도 되돌릴 수 없는 길로 가게 되면 선택이라는 행위를 할 수 없다. 최고의 인생 전략이란 언제든지 수정 가능한 상황을 만들어 놓고 상황에 맞게 대처하는 능력이 아닐까 생각해 본다.

제3장

SCM운영

(마케팅, 영업, 구매, 생산, 물류, 연구)

회사 운영의 꽃 SCM

2장에서는 전략기획 업무의 전반적인 내용을 살펴보았다. 3장에서는 실제 회사가 굴러가는 핵심 영역인 SCM(Supply Chain Management, 이하 SCM)에 대해서 알아보겠다.

공인회계사(CPA)는 회계에 대한 국가 공인 자격증이다. 가만히 생각해 보면 회계 수치는 결과값이다. 결과를 처리하는 방법에 대한 자격증은 있는데, 그 값이 발생하는 현장 업무에 대한 공인 자격증은 공인회계사 자격증과는 비교가 되지 않을 만큼 존재감이 없다. 하지만 잘되는 회사를 들여다보면 기본적으로 SCM 영역이 잘되어 있다. 회계 수치는 SCM 운영이 잘되면 자연적으로 따라오는 결과값일 뿐이다. (그렇다고 회계가 중요하지 않다는 의미는 아니다. 전사적인 관점에서 어떤 부분에 문제가 있는지 파악하려면 재무 정보부터 역으로 봐야 할 때도 있다.)

이 책을 쓰게 된 이유 중 하나는 SCM의 유기적인 연관성을 조금 더 쉽게 이해할 수 있도록 하는 것이다. 마케팅 부서에서 신제품을 개발하고, 영업에서 그 제품을 판매하기 위한 채널 확보를 하며, 출시에 맞춰 좋은 품질의 제품을 생산하고 창고에 보관한 뒤, 업체에

운송하는 일련의 과정을 다뤄 보겠다.

이 장을 통해 통합적인 관점에서 SCM을 바라볼 수 있는 시야가
생겼으면 좋겠다.

1) 마케팅에서 하는 업무

SCM

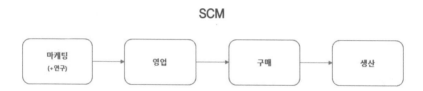

마케팅이란 무엇일까? 이처럼 애매한 질문도 세상에 없는 것 같다. 미국 마케팅 협회에서 1985년에 내놓은 마케팅의 정의는 다음과 같다.

"개인과 조직의 목적을 충족시키는 교환을 창조하기 위하여 아이디어, 재화 그리고 서비스의 개발, 가격결정, 판매촉진, 유통을 계획하고 수행하는 과정. (the process of planning and executing the conception, pricing, promotion and distribution of ideas, goods and services to create exchanges that satisfy individual and organizational objectives)"

한마디로 말하자면 잘 팔리고 수익이 나는 모든 방법을 강구하여 수행하는 부서라고 할 수 있겠다.

마케팅 부서에서 하는 업무를 크게 나누어 보자면 다음과 같다.

- 시장조사 및 경쟁업체/제품 분석
- 제품군 구상 및 출시 일정관리
- 영업 판촉비 예산관리
- 제품별 실적관리
- 브랜딩과 홍보

마케팅부서도 기획업무와 마찬가지로 외부 시장조사에서부터 예산관리까지 총괄업무의 형태를 띠고 있다. 차이가 있다면 마케팅은 제품에 포커스가 맞춰져 있기 때문에, 전사적인 영역을 다루는 기획이 마케팅보다는 좀 더 큰 범주를 아우르고 있다고 보면 되겠다.

1-1) 시장조사 및 경쟁업체/제품 분석

마케팅이란 애매한 개념을 알아보기 전에 시장을 바라보는 데 가져야 할 기본적인 관점을 우선 생각해 보자.

가장 기본적인 관점은 소비자 관점으로, 소비자가 무엇을 좋아하는가를 유심히 관찰하고 그에 맞는 제품을 개발하는 방법이다. 아마존이 초창기 온라인에서 책만 판매하던 시절 소비자들을 대상으로 무엇을 더 팔았으면 좋겠냐는 설문을 한 적이 있었는데, 그 대답은 바로 내가 지금 필요한 물건이었다. 와이퍼, 면도기, 식기세제 등 모든 물건을 편리하게 구매하고 싶다는 소비자의 욕구를 잘 파악하였다. 그 후 아마존에서는 모든 제품을 취급하는 종합 쇼핑몰 형식으로 변화를 하였고, 그 분야에서 성공을 거두어들였다.

그리고 Me too 전략, 다시 말하면 경쟁자가 시장에 제품을 출시하고 소비자 반응이 좋으면 그 제품과 유사한 제품을 내놓는 경쟁자 관점이다. 특히 전자 제품에서 자주 볼 수 있는 현상으로, 우리가 흔히 사용하는 스마트폰이 그 대표적인 예이다. 애플에서 처음 아이폰이 나왔을 때 그야말로 대혁명과 같은 사건이었다. 인터넷을 기반으로 음악, 채팅, 웹 서핑 등 기존에 컴퓨터를 이용하여 사용하던 모든 것들을 손 안으로 옮겨 놓았다. 삼성에서는 즉시 갤럭시 제품을 출시하여 이에 적극 대응하였다. (옴니아라는 제품이 있긴 하였지만 핸드폰에 윈도우 운영체제를 넣어 놓았기 때문에 활용 가능 어플리케이션도 몇 개 없었다.) 이 타이밍을 놓치고 기존 형태의 핸드폰을 생산하던 노키아는 핸드폰 분야에서 실적이 안 좋아지고, 결국 타 회사에 인수되어 버렸다.

마지막으로 기술 관점에서 시장을 바라보는 방법이다. 기술이 시장을 주도한다는 입장에서 시작한 것으로, SPACE X의 회수 가능한 발사체나 테슬라의 자율주행 자동차 같은 기술집약적 분야이다. 기존에는 정부 주도로 진행되던 일들이 거대 자금을 가진 대기업 주도로 진행되고 있으며, 훨씬 효율적으로 운영되고 있다. 기술 주도 관점은 대규모 투자 자본이 필요하기 때문에 작은 기업보다는 대기업이나 정부 차원에서 장기적인 관점으로 진행하는 경우가 많다.

시장을 바라보는 세 가지 관점을 간략히 살펴보았다. 조금씩 다른 방향으로 진행되긴 하지만 그 근본에는 수요가 발생할 가능성을 염두에 두고 진행된다. 어떤 관점으로 시장을 바라볼지를 생각하며 그에 맞는 시장조사가 이루어져야 한다.

다시 The Tuna Store의 나긍정 사장의 이야기로 돌아가 보자.

[The Tuna Store 나긍정 사장의 고민]

나긍정 사장은 고등어, 오징어, 삼치를 판매하는 생선가게를 운영하기로 결심하고 사업계획을 세웠다. 장사를 하는 데 중요한 부분이 첫째도 장소, 둘째도 장소, 셋째도 장소라는 조언을 한국 최고의 장사왕 잘팔어 사장에게 듣고는 뭐 좋은 장소에 가게를 낸 터라 첫해에는 그럭저럭 무난하게 지나갔다.

그런데 어느 날부터 판매량이 늘지 않고 재고가 쌓이게 되었다. 왜일까 고민을 하던 중 지난 번 생선을 사 갔던 손님이 보이길래 얼른 붙잡고 물어보았다. "손님, 지난 번에 고등어를 사 가셨는데 요즘에는 왜 안 사 가시나요?" 그러자 손님이 "길 건너에 Y-Mart가 생겼는데, 거기 생선 가격이 아주 싸요."라고 답해 주었다. 나긍정 사장은 그 길로 건너편의 Y-Mart로 달려가 생선 가격을 확인하였다. 그랬더니 지금 가게에서 팔고 있는 가격보다 무려 10%나 싼 가격에 판매를 하고 있었다. 그래서 일단 생선의 가격을 무리해서 10% 낮췄다. 그럼에도 불구하고 판매량은 늘지 않았다. The Tuna Store뿐만 아니라 그 주위의 다른 가게들도 Y-Mart의 영향을 받았는지 대부분 손님이 줄어들었음을 확인할 수 있었다.

기업에서도 앞의 사례와 마찬가지로 매출이 줄어들게 되거나 신제품을 출시하기 위해서는 시장조사와 경쟁업체/제품을 조사한다. 그 이유는 기업은 이윤을 추구하는 집단이고, 그러기 위해서는 시장에서 우리 제품이 왜 잘 팔리는지 혹은 잘 팔리지 않는지 이유를 알아야 한다.

분석의 방법론은 흔히 잘 알려진 3C - STP - 4P 분석이다.

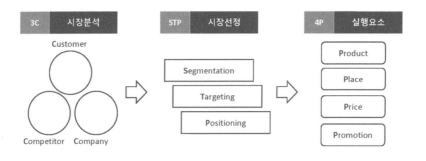

A. 3C 분석

Customer: 어떤 사람들이 우리의 고객인지 분석한다(성별, 나이, 지역, 소득 수준 등).

Company: 내부 강점과 약점, 외부 기회와 위협 요인을 분석한다 (SWOT).

Competitor: 시장의 경쟁자가 누구인지 분석한다(5 force 분석).

B. STP 분석

Segmentation: 시장 세분화(어떤 시장에 들어갈 것인가?)

Targeting: 목표고객 설정(어떤 고객이 우리의 소비자가 될 것인가?)

Positioning: 제품 포지션 설정(어떤 제품을 만들 것인가? eg. 합리적 가격의 제품)

C. 4P 분석

Place(장소), Price(가격), Product(제품), Promotion(판촉)을 프레임으로 목표하는 시장을 분석

4P가 최종 단계의 Mix 작업이기 때문에 좀 더 세부적으로 보겠다.

Place(장소)의 개념은 온라인 시장이 생기면서 다소 변화가 생긴 부분이긴 하지만, 전통적으로 사업을 할 때 가장 먼저 생각해야 할 부분이다. 나긍정 사장이 잘팔어 사장에게 받았던 조언도 장소가 중요하다는 점이었다. 물론 4P의 개념에서 설명하는 Place는 물리적인 장소뿐만 아니라 유통채널[2]도 포함하는 개념이다.

Price(가격)는 말 그대로 가격이다. 산업평균, 경쟁업체 대비 우리의 제품/서비스의 가격을 비교했을 때 경쟁력이 있는지 없는지를 판단한다. 물론 단순 기능과 디자인으로만 가격을 책정할 수는

---

2 유통채널이라고 하면 제조업에서 제품을 생산하여 판매를 할 수 있는 경로를 말한다. 코카콜라 음료수를 편의점, 할인점, 온라인 몰 등에서 판매를 한다면, 각각의 유통업체가 유통 경로라 할 수 있겠다.

없다. 어떤 사업분야인가에 따라 가격 책정에 대한 전략이 달라져야 하기 때문이다. 예를 들어 패션산업의 경우 제품의 원가 대비 고(高)가격 전략을 사용할 수 있다. 왜냐하면 제품의 구매층은 그만한 가격을 지불할 능력과 의사가 있는 고객이기 때문이다. 그에 비해 식음료산업의 경우 패션산업과 동일한 전략을 사용할 수 없다. 소비자들이 가격 민감성을 가지고 있기 때문에 비슷한 제품인 경우 낮은 가격을 선호하기 때문이다.

Product(제품)는 우리가 만들고 제공하는 가치이다. 애플은 아이폰, IBM은 IT 솔루션, BMW는 자동차를 소비자에게 제공한다. 제품 출시는 소비자가 원하는 것들을 대신 발명해 주는 개념일 수도 있고, 전혀 생각지 못했던 물건을 만들어 새로운 시장을 만드는 개념일 수도 있다. 무엇이 되었든 간에 기업에서는 소비자에게 어떠한 가치를 제공할지 명확히 하고 들어가야 한다.

Promotion(판촉)이라 함은 제품 판매를 올리기 위한 다양한 광고, 홍보 활동을 말하는데, 최근에는 SNS의 발달로 인해 인플루언서[3]라고 불리우는 일반인들의 인스타그램, 유튜브를 통해 제품이 직/간접적으로 홍보가 되고 있다. 기존처럼 공중파를 통한 무차별적인 광고는 점점 줄어드는 추세이다. Influencer Marketing이라는

---

3 Influencer: SNS에 많은 추종자(follower)를 가지고 있는 일반인을 칭함.

명칭이 나왔을 정도로 여러 기업에서 사용 중이다.

처음에 이야기했던 시장을 보는 관점에 4P Mix를 결합하여 고민하게 되면 어떤 제품을 어떤 방식으로 판매할지에 대한 해답이 나온다.

1-2) 제품군 구상 및 출시 일정관리

시장 트렌드에 따른 타겟 소비자를 분석하여 상품기획을 하는 기획자를 MD(Merchandiser)라고 부른다. 이들은 제품의 기획부터 출시까지 모든 과정을 관리하는 일을 하기 때문에 중간중간 생기는 문제에 대해서 어떻게든 해결을 하여 출시일정을 맞춰야 한다. 제조업체와 유통업체의 MD의 역할은 약간의 차이가 있다. 유통업체 MD의 경우, 제조업체에서 제안하는 상품을 어떻게 배열하고 판촉활동을 할 것인지 고민한다.

패션업계의 옷 제품을 기획한다면 계절에 맞는 출시일을 고민해야 하고, 가방이라면 새 학기 개학일 혹은 졸업 시즌을 고려하여야 출시 효과를 잘 볼 수 있다.

최초 제품에 대해 기획을 할 때는 NPD(New Product Development) Process라고 알려진 방법론을 활용한다. 막연한 아이디어를 표준화된 방법으로 구체화시켜 주는 작업을 할 때 이용하며, 기본적으로는 다음과 같은 부분이 포함되어 있다.

- 제품의 컨셉: 제품유형, 제형, 유통채널, 타겟 소비자 등
- 시장분석: 소비자, 경쟁자, 자사 등
- 세부제원: 생산처, 제조원가, 포장형태 등
- 예상판매수량: 예상되는 판매 수량

상품기획을 하고 나면 상품기획자는 WBS(Work Based Schedule)을 관리한다. 일자별로 해야 할 일들에 대해서 정리한 표라고 생각하면 되겠다. 회사 내 전산 시스템이 잘 갖춰져 있다면 시스템 내에서 관리를 하겠고, 그렇지 못한 중소기업의 경우는 엑셀로 관리를 한다.

여담이지만 보통 제품 출시가 일정에 딱 맞게 준비되는 경우는 드물다. 신제품은 대표이사의 취향이 많이 반영되다 보니 개발되는 중에 수시로 수정, 수정, 수정을 반복하게 된다. 그러다 보면 자재 발주부터 생산 스케줄 조정까지 모든 일들이 다 밀리게 되기 때문에 자연스럽게 일정이 지연된다. 그럼에도 불구하고 책임은 상품기획 담당이 지게 된다는 불편한 진실이 존재한다.

Work Based Schedule 양식

구분	항목	내용	R&R	완료여부	10월 1W 3	2W 10	3W 17	4W 24	11월 1W 31	2W 7	3W 14	4W 21	5W 28	1W 5
조사	시장조사	시장조사(규모 및 성장성 검토)	PM											
		해외사례 조사	PM											
	소비자조사	조사업체컨택 및 조사설계	PM											
		실사 진행	PM											
		조사결과 분석 및 신제품 개발방향 도출	PM											
프로토타입 설계	제품/공정설계	컨셉보드 기획	PM											
		제품설계컨셉 공유	PM											
		레시피 테스트(싱글맥, 부직포)	연구원											
		프로토타입/배합비	연구원											
		원재료비산출(가원가)	연구원											
		공정설계	연구원											
		공정 조건 쇠적화 테스트	연구원											
설비도입	설비검토	설비사양확인/품의/발주	공장											
	설비제작/입고	설비 제작	공장											
		공장 입고 및 설치	공장											
		설비테스트/시운전	공장											
제품개발	검사& 테스트	시생산	연구원											
		유통기한설정	연구원											
		영양성분 분석	연구원											
		경시변화 및 관능	연구원											
	Spec	최종배합비	연구원											
	원가	최종 원재료비산출	연구원											
	가격	가격확정	영업/PM											
	품목제조	한도견본 전달(To.공장)	연구원											
	표기사항	영양성분/원재료명및함량(To. 디자인, 마케팅)	연구원											
		최종 영양성분/원재료명및함량 공유	연구원											

1-3) 영업 판촉비 예산관리

신제품에 대한 영업활동에 들어가기에 앞서 나긍정 사장의 예로 다시 돌아가 보자.

[The Tuna Store, 신제품 출시]

나긍정 사장은 Y-Mart가 생긴 후 손님이 감소하자 차별화된 상품을 준비하기로 마음먹었다. 우선 요즘 '핫'하다는 메뉴를 찾아보았다. 작년 겨울철에는 방어가 유행을 하여 인근 가게에서 완판되었다는 사실을 확인했다.

그리고 Y-Mart를 방문하여 어떤 상품이 출시 예정인지 염탐을 하였다. 다행히 방어는 올해 출시 예정 메뉴에 들어가 있지 않았고, 박리다매가 가능한 가격이 싼 생선 위주로만 출시 계획을 하고 있었다. 나긍정 사장은 지금이 초가을이라 발빠르게 움직이면 방어의 물량 확보가 가능하다고 판단하였다.

다시 가게로 돌아온 나긍정 사장은 제주도에 방어를 잡는 선사를 찾아보았다. 가장 큰 선사인 쌍끌이낚시의 경우 이미 고정 거래처가 정해져 있어 공급하기 어렵다는 회신을 받았다. 그래서 두번째로 큰 문어발낚시에 연락을 취했다. 마침 신규 거래처를 찾고 있었던 문어발낚시는 나긍정 사장에게 방어를 공급해 주겠다고 하였고, 11월부터 2월까지 월에 100마리씩 공급하는 조건으로 계약을 하였다.

11월부터 판매를 위해 나긍정 사장은 전단지 구상에 들어갔다.

'The Tuna Store 단독 특가! 11월 1일부터 방어 대방출!'

10월 중순쯤 전단지 제작 업체에 인쇄 요청이 끝나고, 폭발적인 방어 매출을 꿈꾸고 있던 찰나에 문어발낚시 영업 담당에게 전화가 왔다.

"사장님, 죄송한데 어선이 고장나는 바람에 방어를 못 잡았습니다. 수리가 11월 중순까지 진행될 것 같습니다."

11월 중순에 다시 조업을 시작하면 12월에나 방어를 판매할 수 있을 터였다. 전단지를 보고 온 손님들이 11월에 헛걸음질을 하게 될 상황이 발생하면 가게에 대한 신뢰도가 떨어질 것이 눈에 보여 얼른 전단지 수정을 요청을 하였다. 그런데 전단지 업체에서는 이미 인쇄가 끝났기 때문에 수정을 할 수 없다고 못 박았다. 울며 겨자 먹기로 나긍정 사장은 전단지를 재인쇄하였다.

드디어 방어 잡이가 본격적으로 시작되어 12월 초에 납품이 가능하다는 연락을 받았다. 전단지를 근처 아파트에 돌리고 방어의 그림이 가게 맨 앞에 잘 보이도록 배치하였다. 잘 판매되리라는 예상과 다르게 저조한 판매가 계속되었다. 월에 100마리를 팔아야 한다면, 하루에 적어도 3마리 이상 판매가 되었어야 하나, 한 마리도 팔리지 않는 날이 지속되었다. 나긍정 사장의 속은 타들어 가기 시작했다. 비싼 방어를 구매했는데 팔리지 않을 경우 자금 운영에 타격이 컸기 때문이다.

그러던 중 셀카봉을 들고 중얼중얼거리면서 The Tuna Store를 지나던 이상한 행인이 갑자기 방어를 찍으며 나긍정 사장에게 질문을 하기 시작한다.

"이거 어떤 생선이에요?" "어디서 잡은 거예요?" "맛은 어때요?"

나긍정 사장은 한 마리라도 팔아 보자는 심정으로 하나하나 친절하게 설명을 했다. 이상한 행인은 방어 한 마리를 사 가지고 유유히 사라졌다. 바로 그 다음날 신기한 일이 벌어졌다. 갑자기 사람들이 몰려와 방어를 사겠다고 북새통을 이룬 것이다. 무슨 일인가 하고 방문한 손님 중 한 사람에게 물어봤다. 그랬더니 '브레인신'이라는 유명한 스타 유튜버가 어제 방어 먹방을 했는데, The Tuna Store가 나오는 것을 보고 방문했다는 답변을 받았다.

이처럼 신제품 출시를 할 때는 예상치 못한 상황도 겪어 출시 지연이 되기도 하고, 우연한 기회로 인해 판매가 잘되기도 한다. 물론 사전 준비를 잘한다면 그만큼 시장에 잘 안착할 가능성은 높아진다.

신제품 출시를 할 때 제품기획을 하면서 판촉비를 사용하게 된다. 가장 대표적인 예로 TV 광고나 드라마 협찬으로 들어가는 판촉비용이다.

마케팅의 제품 운영 계획에 따라 소비자에게 판매할 주요 상품 위주로 판촉비 예산계획을 세운다. 예산도 전략적으로 사용하겠다는 의미이다. 마케팅의 제품 운영계획을 기반으로 영업에서는 판촉비 예산을 사용하게 된다. (나긍정 사장의 경우 전단지를 만들거나, 방어를 구매할 경우 장미칼 무료 증정을 하는 방법이 판촉비에 해당) 마케팅에서는 영업에서 사용하는 예산을 통제하는 기능을 가지게 되는데, 통제 기능이 없으면 마케팅 전략과는 관련 없는 부분에 판촉비가 사용될 가능성이 커지기 때문이다. (물론 회사마다 운영 방식의 차이는 있을 수 있다.)

그리고 판촉비를 사용할 때는 판촉 대비 매출 증가 효과부분을 반드시 확인해야 한다. 판촉을 하기 전/후가 동일하다면 굳이 판촉 활동을 할 필요가 없기 때문이다.

1-4) 제품별 실적관리

마케팅에서 신제품을 출시하고 나면 매출 추이를 관리하게 된다. 매출 관리는 영업의 업무라고 생각하기 쉽지만, 영업이 조직별 매출 실적에 초점이 맞춰져 있다면 마케팅은 개별 제품에 맞춰져 있다.

제품 출시 전 영업부와 협의하여 유통 채널에 대한 방향성을 수립 후 유통업체에 물건을 납품하게 된다. 영업부에서는 각 유통 채널에 대한 실적을 관리하고, 마케팅에서는 그 내용을 취합하여 제품별 실적을 총괄 관리한다.

제품별 실적관리를 해야 되는 이유는 판매를 촉진시키기 위한 전략을 수립하기 위한 기준이 되며, 트렌드 추이를 보며 제품의 생애

주기관리를 하기 위함이다.

예를 들어 편의점과 온라인에 제품을 출시하였는데, 편의점 채널이 판매가 부진할 경우 마케팅에서는 영업부서와 협의하여 판촉전략을 세우게 된다. 편의점 채널의 부진 사유가 다른 제품보다 부족한 부분이 있으면 판촉비를 사용하여 좀 더 공격적으로 판매를 할수도 있지만, 만약 비용 투자대비 효과가 온라인으로 집중하는 방법이 더 효율적이라고 판단되면 굳이 편의점 채널에서 판촉활동은 하지 않는 방향으로 전략을 수립한다. 이런 전략을 수립하기 위해서는 제품별, 유통채널별로 실적관리가 되어야 하기 때문에 마케팅 부서의 중간 관리자급 이상의 직원들은 실적 추이를 머릿속에 넣어 놓아야 한다.

양식은 대략적으로 다음과 같다.

구분	편의점		할인점		The Tuna Store		합계	
	수량	금액	수량	금액	수량	금액	수량	금액
고등어	1,000마리	500,000원	500마리	250,000원	10마리	5,000원	1,510마리	755,000원
오징어	400마리	160,000원	200마리	80,000원	100마리	40,000원	700마리	280,000원

방어	20마리	40,000원	10마리	20,000원	70마리	140,000원	100마리	200,000원
합계	1,420마리	700,000원	710마리	350,000원	180마리	185,000원	2,310마리	1,235,000원

각 제품과 유통채널별로 실적을 정리하는데, ERP(Enterprise Resources Planning) 시스템이 잘 갖춰진 회사라면 전산에서 바로 여러 View의 값들을 제공하기 때문에 별도 작업을 하지 않아도 되지만, 시스템이 제대로 갖춰지지 않은 회사들의 경우, 경영진에서 보려고 하는 관점에 따라 엑셀 작업을 해야 한다. (때문에 엑셀의 고급 함수까지 장착하고 회사생활을 시작하면 장점이 많다.)

1-5) 브랜딩과 홍보

회사가 OEM(Original Equipment Manufacturing)[4] 중심의 회사라면 자체 브랜드가 없겠지만, 소비자들이 접하는 소비재의 경우라면 브랜드의 파워가 매우 중요한 부분을 차지한다. 단적으로 탄산음료는 코카콜라, 핸드폰은 삼성, 자동차는 현대, 가구는 IKEA, 커피는 STARBUCKS 등 각 분야에서 독보적인 브랜드 파워를 자랑하

---

4 Original Equipment Manufacturing: 주문자 상표 부착 제조방식으로 자기 브랜드를 가지지 않은 공장이 나이키, 노스페이스 등 브랜드를 부착하여 생산해 주는 방식을 말한다.

는 회사들이 존재한다.

이미 브랜드 경쟁력을 가진 회사라면 유통업체에 물건을 납품하거나 신규 제품을 협의할 때도 상당한 이점이 많지만, 누가 들어도 알기 힘든 브랜드의 경우는 협상에서 상당한 난항을 겪게 된다. 영업사원이 유통업체에 가도 담당자들이 잘 만나 주지 않아 문전박대를 당하기도 하고, 입찰에 포함시켜 주는 조건으로 부가적인 지원을 요구하기도 한다. 이렇게 브랜드 인지도가 약한 회사들이 사용할 수 있는 방법은 주로 온라인 마케팅인데, 이조차도 워낙 판촉/홍보하는 형태들이 대동소이하다 보니 경쟁력을 가지기 힘들다. 그럼에도 불구하고 인터넷 플랫폼을 통해 브랜드를 알리는 방법이 저비용으로 고효율을 내는 방법인 점은 변함이 없다.

그렇다면 과연 브랜드란 무엇인가? 정의를 설명하기 앞서 다음의 사례를 잠깐 살펴보자.

한 커뮤니티 사이트에 프라다 핸드백의 로고를 지우고 가방 사진을 올렸더니 대부분이 "디자인이 별로다." "싼 티 난다." 등 부정적인 댓글들이 많았다. 며칠 뒤 프라다 로고가 있는 가방 사진을 올렸는데 특이하게도 "너무 예뻐 사고 싶다." "디자인이 예쁘다."라는 상반된 댓글들이 달렸다.

여러 가지 정의가 있겠지만, 브랜드란 '제품이나 회사를 판단하게 되는 무의식'이라고 하겠다. 의식적인 부분은 우리가 이성적으로 접근이 가능한 부분이지만, 무의식은 생각지도 못한 사회적, 문화적, 심리적인 부분이 많이 작용하기 때문에 왜 이 브랜드를 좋아하는지 한마디로 설명하기 어렵다.

브랜드를 소비자의 무의식에 심는 모든 행위를 브랜딩이라고 칭한다면, 광고, 홍보 등과 같은 행위는 그 하위 범주에 포함이 되는 부분이다. 경쟁이 치열한 분야에서도 성공하는 브랜드를 보면 다음과 같은 특징이 있다.

- 진정성 있는 좋은 제품
- 좋은 품질과 합리적 가격의 지속성
- 철저한 사후관리

시드물이라는 화장품 브랜드를 알고 있는가? "시드물 제품을 한 번도 안 써 본 사람은 있어도, 한 번만 쓴 사람은 없다."라는 이야기가 있을 만큼 소비자의 제품 만족도가 상당히 높다. 새로 만들어진 브랜드라고 생각할 수도 있겠지만 2006년부터 운영된 10년이 넘은 중견 브랜드이다.

시드물 홈페이지

시드물에서 강조하는 브랜드 포인트는 '착함'이다. 피부에 해로운 원료는 사용하지 않는 착한 품질, 지갑에 부담이 없는 착한 가격을 브랜드의 정체성으로 가지고 있다. 그 정체성을 계속적으로 유지하고 있으며, 고객 수도 지속적으로 늘어나는 추세이다. 특이한 점은 경쟁이 치열한 레드오션인 화장품 업체임에도 불구하고 오프라인 매장도 없이 온라인으로만 운영이 된다는 점이다. 아무래도 가격의 '착함'을 위해 전략적으로 운영비용이 많이 들어가는 오프라인 매장은 진출하지 않았다고 보인다.

브랜드를 알리기 위한 활동 중 가장 손쉬운 방법이 홍보다. 신문이나 온라인 매체를 이용하거나, 팝업스토어나 이벤트 활동을 하는 방법으로 소비자에게 브랜드와 제품을 노출시킨다. 하지만 단편적인 홍보만으로는 소비자의 무의식에 진입하기는 쉽지 않다.

그래서 회사에서 직접 홍보 활동을 전개해 나가는 부분도 있지만, 요즘은 홍보를 대행하는 외주 업체가 상당히 증가하여 이러한 전문 홍보 대행업체를 활용하여 보다 효과적인 관리를 해 나가는 추세다.

2) 영업에서 하는 업무

회사의 꽃은 영업이라는 말이 있을 정도로 영업은 회사 운영에 있어 상당히 중요한 부분을 차지한다. 매출을 일으키는 직접적인 일을 하기 때문인데, 그만큼 실적에 대한 스트레스도 크다. 다시 말하면 영업은 물건을 팔기 위해 소비자를 향해 진격하는 부서이다.

세부적인 업무 설명에 들어가기 앞서 비즈니스 형태에 대해 알아보고 실무적인 부분을 보도록 하겠다.

영업/판매 거래 형태를 보자면 다음과 같이 크게 구분 가능하다.

· B2B(Business to Business)
거래처(판매처) 발굴 - 판매계약 - 물품 생산(혹은 사입) - 납품 - 수금

· B2C(Business to Customer)

물품 생산(혹은 사입) - 유통사 협의 - 판촉 - 주문확인 - 납품 - 수금

하지만 이와 같이 정형화된 것은 아니고, 업종에 따라 조금씩 다른 형태를 띠고 있을 수 있다.

제조업의 경우도 OEM(주문자 상표 부착 생산방식)을 통해 판매를 하는 기업은 대부분 B2B 사업 구조라고 보면 된다. 특히 이마트, 롯데마트 등 대형 유통업체가 자체브랜드(Private Brand)를 사용하여 제품을 내놓고 있는 추세로 변화되고 있다. 이는 유통업체의 힘이 강하기 때문에 가능한 것으로, 브랜드를 운영하는 제조업체들과의 힘겨루기가 유통업체 쪽으로 기울어지고 있는 모양새다. 의류 브랜드들도 대부분 OEM 방식으로 제품을 제작하여 유통시킨다. 물론 대형 유통채널을 이용하기도 하지만 이들은 자체 스토어를 직영하는 방식으로 수익성 향상을 도모한다.

미국의 Wall Mart도 다양한 카테고리의 PB를 운영하였고, 이 때문에 Wall Mart의 제품을 생산하기 위해 중국의 제조업체들이 부단히 영업활동을 했다고 한다.

조금 폐쇄적인 구조긴 하지만 의료업계 중 제약업체도 제조유통

업체와 비슷한 구조를 띠고 있다. 제약업체는 브랜드 제조사가 되고, 약국이나 병원은 유통채널이 된다.

'제조업체 - 유통업체 - 소비자'로 이어지는 경로이며, B2B - B2C로 이어지는 구조이다.

최근 들어서는 인터넷 기반의 온라인 몰들이 활성화되면서 제조업체가 바로 소비자에게 판매까지 하는 구조도 조금씩 나타나고 있다. (하지만 대형 플랫폼에 의해 움직이는 물량에 비하면 미미한 수준)

이 또한 대형 사이트, 이를테면 옥션, 11번가, G-market과 같은 플랫폼을 통해 대부분의 물량이 소화되고 있다. 그리고 몇 년 전에 반짝 유행했던 소셜커머스도 지금은 대형 판매 플랫폼 형태를 띠고 있어 처음과 같은 차별성이 점점 희미해지고 있는 상황이다.

미국의 아마존과 같은 대형 온라인 플랫폼을 기반으로 한 공룡유통업체의 등장으로 인해 월마트나 케이마트 등 오프라인 유통업체들의 입지가 조금씩 줄어드는 추세이다. 그러다 보니 오프라인은 온라인으로, 온라인은 오프라인으로 영역을 확대하며 전방위적인 유통채널을 구축하고 있다.

아마존은 B2C를 대상으로 구축한 플랫폼이지만, 중국의 알리바바와 같이 B2B를 대상으로 한 플랫폼도 있다.

이처럼 거래 형태에 따라 여러가지 유통채널이 존재하며, IT기술의 발달로 새로운 가능성을 가진 플랫폼들도 생겨나고 있다.

요약하자면 거래 형태에 따라 B2B, B2C로 나눌 수 있고, 이에 따른 다양한 유통구조가 존재한다.

거래 형태에 따라 하는 업무가 다르지만 공통적으로 영업의 영역을 압축하자면 다음과 같다.

- 신규고객 발굴 및 유치
- 고객/유통업체 관리
- 판매계획 수립
- 완제품 출고/재고 관리
- 수금관리
- 클레임관리

2-1) 신규고객 발굴 및 유치

마케팅에서 제품을 출시했다면 영업에서는 팔아야 한다. 기본적으로 영업은 판매를 하기 위한 조직이다. 식음료 제조업체라면 유통업체에 입점시키려는 노력을 할 테고, 반도체를 생산하는 업체라면 다른 전자 회사를 대상으로 영업 활동을 하게 된다. 이미 거래처가 잘 형성이 되어 있는 업체라면 신규고객을 발굴하기 위한 영업보다는 기존 거래처를 관리하는 영업(관계 위주)이 될 것이다.

B2B 비즈니스의 형태를 보자. 시몬느라는 핸드백 제조업체가 있다. 코치, DKNY, 마이클 코어스 등 잘 알려진 패션 브랜드의 핸드백 생산을 책임지고 있다. 회사를 세우고, 수주를 따오기 위해 DKNY의 핸드백을 원 제품과 똑같이 만들어 담당 직원을 설득하여 주문을 받아 왔다. 그것을 발판 삼아 다른 브랜드 업체에서도 주문을 받게 되었고, 지금은 세계 제1의 핸드백 제조업체로 성장하였다. 시몬느에 대해서 더 자세한 내용이 궁금하신 분들은 『시몬느 스토리』를 읽어 보기 바란다.

B2C 비즈니스의 형태는 B2B와는 다르게 직접 소비자에게 자신의 제품을 판매한다. 그렇기 때문에 불특정 다수, 혹은 특정 고객을 위해 제품을 만들고 유통회사나 자체적인 판매망을 통해 영업활동

을 한다. 앞서 예를 들었던 시드물의 경우에는 온라인 광고나 직접 고객 유치를 통해 새로운 신규고객을 확보해 나갔다. 우리가 자주 볼 수 있는 편의점이나 할인점에 입점되어 있는 제품들은 대부분 제조업체와 MD가 협의나 입찰을 통하여 입점 결정이 된다. 그렇기 때문에 제조업체 입장에서는 유통업체의 눈치를 많이 보게 된다.

어떤 비즈니스 형태든 신규고객 유치란 쉽지 않다. 물론 빙그레의 바나나 우유와 같은 스테디셀러라면 유통업체에서도 서로 입점 시키려고 하겠지만, 브랜드 인지도가 낮은 회사의 제품이라면 배짱 영업은 하기 어렵다.

2-2) 판매계획 수립

영업의 주요한 업무 중 하나는 판매 예측을 하는 일이다. 우리 회사의 제품이 얼마나 팔릴 것인지 예측하여 구매부서와 생산부서에 알려 줘야 한다. 판매계획에 따라 구매부서에서는 원부자재에 대한 구매계획을 수립하고, 생산부서에서는 생산계획을 세우게 된다.

제품의 생산방식에는 MTO와 MTS방식이 있다. MTO(Make to Order)방식은 고객에게 주문을 받으면 생산하는 방식이고,

MTS(Make to Stock)방식은 판매 수요를 예측하여 생산하는 방식이다. 문제는 주로 MTS 방식에서 발생한다. 판매 수요 예측을 너무 공격적으로 하게 될 경우 원부자재 및 완제품 재고가 많이 생기게 되면 재무적으로는 현금흐름이 좋지 않게 된다.

그렇기 때문에 영업에서는 적정한 판매 수요 예측을 하여 연단위, 분기단위, 월단위, 주단위로 계속적으로 판매계획을 조정한다. 물론 합리적인 수준에서의 조정을 하는 것이지 계속적으로 숫자를 바꾸진 않는다. 너무 많은 수정을 할 경우 후속부서인 구매와 생산에서 큰 혼선이 발생하게 된다.

2-3) 완제품 출고/재고 관리

영업부서에 처음 들어가면 가장 먼저 하게 되는 일 중에 하나가 출고신청이나 재고에 대한 파악이다. 고객의 주문에 따라 출고 담당자에게 ERP나 이메일로 출고 신청을 하고, 실제 고객에게 잘 도착했는지 확인하는 일이다.

'고객주문확인 - 재고확인 - 출고요청 - 출고확인 - 매출처리'의 순서로 진행이 된다.

회사에서는 완제품 재고를 다루는 부서와 영업부서가 구분이 되어 있기 때문에 재고 확인 시 물류부서에 확인을 하게 된다. (물론 거의 실시간으로 재고가 확인이 되는 ERP가 사용되고 있다면 그럴 필요가 없겠지만) 재고가 없는데 고객의 주문을 계속 받게 될 경우 주문 취소로 이어지게 되고, 소비자 불만 사항으로 연결이 되기 때문에 재고가 없는 경우에는 가급적 빠르게 대응을 해야 한다. MTS 방식인 경우, 판매가 계획보다 많이 진행되면 생산수량을 추가로 확보해야 하는데, 외주 업체를 이용하여 생산하는 경우 중간에 생산계획을 추가하기 쉽지 않다. 자체 공장이 있다면 생산량을 늘리기 위해 생산시간을 늘리는 방법으로 수요를 맞추게 된다.

그리고 출고요청을 했다고 물류부서에서 해당 물품을 출고처리를 했는지 확인을 하지 않게 될 경우, 중간에 누락되는 사항이 발생할 수 있기 때문에 중요한 건에 대해서는 ERP나 유선상으로 담당자에게 확인을 하는 편이 좋다.

출고가 완료되면 매출 마감을 한다. 판매 수량과 금액을 정리하고, 거래명세서와 매출 세금계산서 발행을 하면 일차적인 업무는 마무리된다.

2-4) 수금관리

영업에서 판매 이상으로 신경 써야 하는 부분은 바로 수금이다. 물건을 아무리 많이 팔아도 돈이 들어오지 않으면 사기를 당한 것과 마찬가지이다. 거래업체의 부도, 혹은 어음발행 등 여러가지 방법으로 자금 회수가 늦거나 되지 않는 경우가 많이 생긴다. 기업에서도 판매실적뿐만 아니라 수금(매출채권)에 대해서도 관리를 한다.

매출 세금계산서 발행 후 회계상 매출처리를 하면 일차적인 업무가 마무리된다고 했다. 하지만 진정한 마무리는 매출처리를 했던 물건의 돈이 들어오는 시점이라 하겠다. 매출이 아무리 많더라도 수금이 되지 않으면 기업은 힘들어진다.

영업사원이 단가에 대한 협의를 할 수 있는 재량이 있는 경우에는 특히나 사고가 날 가능성이 많은데, 백마진을 받고 제품의 단가를 할인하고, 일부 금액을 개인적으로 유용하는 방법이다. 이런 부분 때문에 큰 회사의 경우 주기적으로 감사 업무를 들어가게 된다. 영업업무를 맡게 된다면 이런 유혹에 주의하기 바란다.

2-5) 클레임관리

물건을 팔았는데 하자가 있을 경우 소비자 클레임이 오게 된다. 배송사고라든가, 단순 파손 같은 경우는 재배송이나 교체를 통해 대응이 가능하지만, 식품을 먹고 문제가 생겼을 경우에는 대응의 범주가 앞의 것과는 질적으로 다르다. 식약청이나 시민단체, 언론사 등 여러 집단을 대상으로 클레임 대응을 해야 한다. 영업에서의 클레임 대응은 사후적인 부분이기 때문에 가급적이면 클레임이 발생하지 않도록 예방에 힘쓰는 것이 좋다. 문제가 생겼던 공정이나 유통경로를 파악하여 재발하지 않도록 앞의 프로세스를 잡아 나갈 수 있는 안목도 필요하다. 발생된 클레임 처리에만 너무 몰두하다 보면 근본적인 발생 원인 해결에 접근하기 어렵다.

최근에는 온라인 거래가 많아지다 보니 여러 온라인몰에서 구매한 다양한 소비자의 관리가 어려워지고 있다. 그러다 보니 이러한 관리상 어려움을 해결하기 위한 업체들이 많이 생겼다. 기업 입장에서는 전문성 있는 외주관리를 통해 클레임 통합관리가 가능해졌고, 내부적인 인력 채용을 통해 관리하는 것보다 비용 절감의 효과도 있기 때문에 상황에 따라서는 장점이 많다고 보여진다.

지금까지 영업부서에서 하는 업무를 알아보았다. 경험상 영업에 힘이 있는 조직은 대부분 성장하고 있는 조직이었다. 규모가 커지고 성숙기에 들어간 산업의 경우에는 영업보다는 관리조직의 힘이 컸다. 영업에 힘이 있는 기업에 있는가? 좀 더 공격적으로 시장을 키울 수 있는 일을 벌여 보도록 하자.

잡담3: 말도 안 되는 공급가 구조

고객사가 공급할 제품에 대해 여러 업체를 경쟁 입찰시키는 경우가 많다. 제품이나 유통경로별 수익성 분석이 잘되어 있는 회사라면 이런 문제가 생기지 않겠지만, 세부적인 수익성 분석이 잘되어 있지 않은 회사라면 입찰 시 견적금액이 왜곡될 소지가 많다. 영업입장에서는 어떻게든 매출을 높여야 하기 때문에 수익성을 간과하는 경우가 많기 때문이다.

내부적으로 검토를 하여 진행을 하겠지만, 공급가 구조를 만들 때 공통비용이나 간접비로 들어가는 부분을 간과하거나 혹은 적게 산정하여 들어가는 경우도 있다. 그럴 경우 영업에서 예상한 매출 달성이야 하겠지만, 수익성(영업이익)은 떨어진다. 수익성 분석을 할 수 있는 회사인 경우 제품별 손익을 산정하여 문제를 잡아내겠지만, 그런 분석 작업이 어려운 회사의 경우 어떤 품목에서 손해가 나는지 알 수 없기 때문에 답답한 상황을 마주하게 된다.

영업이라면 사전 공급원가뿐만 아니라 실제 공급원가(회계상)에 대한 정보도 파악하고 있어야 한다. 그래야만 어디서 손해가 나는지, 이익이 나는지 분석을 통하여 영업 전략을 고민하고 수익성 좋은 튼튼한 회사로 성장을 시킬 수 있을 테니까.

3) 구매/자재에서 하는 업무

영업이 판매에 대한 전방의 업무라면, 구매/자재 업무는 SCM의 첫 시작에 해당되는 후방 업무이다.

구매/자재 업무의 핵심은 제품을 생산일정에 맞게 원재료를 매입하고, 재고를 관리하는 일이다. 말은 단순하지만 이 일이 어려운 이유는 한두 가지 원재료를 다루는 것이 아니라 많게는 몇만 개의 원자재를 움직이는 일을 하기 때문이다.

회사의 규모가 작을 때는 몇 가지 제품이 없기 때문에 별로 할 게 없는 것처럼 생각했던 사장님들께서는 규모가 커진 후에도 옛날 생각을 하시면서 별로 어렵지도 않은 일을 한다고 쉽게 생각하는 경향도 있는데, 재고관리 관점에서 이는 좀 위험할 수 있는 생각이다.

제조업을 기준으로 업무 순서를 살펴보자.

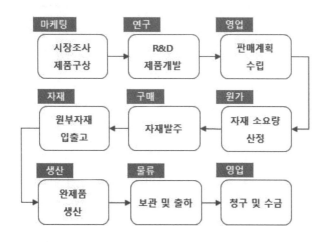

업무의 큰 그림을 보면 이와 같이 진행되며, 구매부는 자재에 대한 발주를 담당하고, 자재부는 원부자재에 대한 관리를 담당한다. 통상적으로 구매부는 자재의 sourcing을 담당하며, 구매량과 단가 협의를 하고, 자재부는 그에 따른 자재 입출고처리를 한다. 때문에 해외에 생산기지가 있는 경우, 본사의 구매부에서 자재에 대한 발주처리를 하고, 해외생산기지의 자재부에서는 자재 입출고에 대한 관리를 하게 된다. (공장에서의 자재관리부서를 통상적으로 자재부라고 칭한다.)

참치 캔을 생산한다고 가정해 보자.

BOM을 보자면 가다랑어, 첨가물, 캔, 면실유가 포함이 된다. R&D center에서 자재 소요량을 다음과 같이 산정하였다.

참치 캔의 BOM

참치 캔 1개 소요량

가다랑어 100그램

첨가물 10그램

캔 1개(뚜껑 포함)

면실유 5밀리리터

참치를 알면

갓뚜기 참치

8사단 인기상품!

영업에서 판매계획을 100개를 세웠다고 가정하면 그 수량에 곱하기 100을 하면 발주해야 할 전체 소요량이 산정된다. 물론 이렇게 딱 맞게 떨어지기만 한다면 큰 문제가 될 것은 없겠지만, 원자재를 생산하는 업체들도 최소발주수량(MOQ, Minimum Order Quantities)이 있기 때문에 조금 더 발주를 해야 할 수도 있다.

그리고 또 고려해야 할 것은 일정이다. 영업에서 납기 일정을 3달 이후로 잡았는데, 원자재 업체에 따라서는 납기를 맞추기 힘든 곳도 있기 때문이다. 물론 대부분의 원부자재 업체들은 계속적으로 거래를 하던 곳이기 때문에, 회사의 판매 계획에 따른 납기를 고려하여 원부재료를 납품해 준다. 그러나 신규 자재의 경우에는 bidding 형식으로 진행을 하기 때문에 시간이 더 소요되는 경향이 있다. 요즘에는 전자입찰도 도입이 되어, 업체간 견적 비교가 용이하기도 하고 전자서명을 사용하기 때문에 법적인 효력도 있다.

구매에서 하는 일은 다음과 같다.

- 자재 sourcing 및 단가협의
- 구매거래 계약
- 발주 및 물류 마감
- 매입세금계산서 처리
- 외주 생산업체관리
- 수불관리(전사)

영업에서 하는 일을 반대로 하는 곳이 구매라고 생각하면 이해하기 쉬울 것이다. 입장이 완전히 반대이기 때문이다. 그래서 구매부에는 다른 업체에서 영업이 많이 들어온다. 원부자재 업체 입장에서는 완제품 제조업체가 B2B 고객이기 때문에 구매 담당자와 관계를 잘 유지해야 하기 때문이다.

3-1) 자재 sourcing 및 단가협의

[The Tuna Store의 제조업 진출 1]

The Tuna Store에서 방어가 성공리에 판매가 된 후 나긍정 사장은 추가적인 경쟁력을 얻기 위해 새로운 제품을 개발하기로 결심했다. 생선을 그대로 받아 판매만 하기에는 차별성이 없었다. 자신이 경험했던 참치 횟집을 생각하다가 문득 집에서 먹는 참치회를 만들면 어떨까 하는 생각을 했다. 정보를 수집하던 중 경기도 인근에 생각했던 비슷한 제품을 만드는 공장을 알게 되어 방문을 하였다. 마침 사장님이 연세가 많으셔서 공장을 처분하려는 상황이라 나긍정 사장은 공장을 인수하기로 결정하였다.

제품은 둥그런 원형 모양에 생참치를 넣은 제품으로 이름은 긍정참치로 결정했다. 이제 제품을 만들 원부재료만 구하면 된다. 그런데 어디서 구해야 하지?

지금부터 나긍정 사장이 해야 하는 일이 자재 sourcing이다. 참치, 캔, 면실유 등 긍정참치를 만들기 위한 모든 재료를 판매하는 업체를 찾으러 다녀야 한다. 기존에 사용하던 자재라면 통상적인 구매 절차를 거치면 되겠지만, 새롭게 구매를 해야 하는 자재라면 여러 루트를 통해 자재업체를 수배해야 한다. 커피의 경우 최근 스페셜티와 공정무역이 각광을 받으면서 아프리카나 중남미의 커피농장을 직접 찾아가 생두 수매 계약을 맺기도 한다.

이미 제품의 형태가 명확하여 필요한 원자재의 BOM이 명확하다면, 그와 관련된 업체들도 대부분 고정적으로 거래를 하고 있을 것이다. 현대자동차의 경우도 1차 협력업체, 2차 협력업체라고 부르는 부품업체와 긴밀하게 관계를 맺고 있는 이유도 제품 생산에 차질이 없도록 원부자재를 공급 받기 위함이다. 자동차나 선박과 같이 수만 가지의 부품이 들어가는 경우에는 엔진이나 조향장치같이 부분적인 완제품을 만드는 회사도 있고, 볼트와 너트처럼 직접적으로 필요한 자재를 만드는 회사도 있다.

다시 The Tuna Store의 예를 들어 보도록 하자.

[The Tuna Store의 제조업 진출 2]

참치 캔 제조뿐만 아니라 질 좋고 저렴한 선어를 구하기 위해 나긍정 사장은 우선 생선을 도매로 판매하는 이천과 평촌의 농수산시장을 탐색하기로 했다.

판매를 계획한 고등어, 오징어, 삼치를 찾아봤다. 이천에서는 A, B, C 업체를, 평촌에서는 D, E, F 업체를 방문했다.

가장 먼저 확인한 부분은 단가였다. 어떤 업체가 가장 경쟁력 있는 단가로 제안하는지가 우선적인 결정 사항이었다.

두 번째로 품질이다. 아무리 단가가 낮더라도 제품의 신선도가 떨어지거나, 표면이 지저분하다면 상품으로서 매력이 떨어지기 때문이다. 질 낮은 제품은 소비자에게 있어서도 구매 만족도가 떨어지기 때문에 원가절감의 유혹이 있더라도 장기적인 소비자 관점에서 선택을 해 주어야 한다.

세 번째로는 MOQ(Minimum Order Quantities, 최소주문수량)이다. 우리가 필요한 수량은 100개인데, 공급해 주는 업체가 줄 수 있는 수량은 50개이거나, 혹은 반대로 업체가 줄 수 있는 최소 수량은 100개인데 우리가 필요한 수량은 50개뿐인 경우가 있다. 가격이나 품질면에서는 훌륭하지만 최소주문수량이 맞지 않아 거래가 성사되지 않는 경우도 있다.

고등어 판매 업체를 다니며 다음의 check list를 작성했다.

구분	업체	단가	품질	MOQ
이천	A	1,300원	중	50마리
	B	1,400원	하	200마리
	C	1,500원	상	100마리

평촌	D	1,200원	최하	300마리
	E	1,600원	최상	100마리
	F	1,700원	최상	30마리

단가로만 봤을 때는 평촌의 D 업체가 가장 경쟁력이 있지만, MOQ를 봤을 때는 월 100마리보다 훨씬 많은 수량을 구매해야 하고, 품질 또한 좋지 못하다.

품질을 봤을 때는 평촌의 F업체가 가장 좋았지만, 월에 30마리밖에 공급이 안 되는 상황과 비싼 단가 때문에 선택을 하기 어렵다.

MOQ, 품질, 단가를 종합적으로 봤을 때 이촌의 C업체가 가장 적합해 보인다. 품질도 좋은 편이고, 단가 또한 기존에 예상했던 단가와 같으며, MOQ도 우리가 세워 놓은 구매계획과 딱 들어 맞는다. (실무에서는 이렇게 그림같이 맞아 떨어지는 일은 견우와 직녀가 만나는 것만큼 드물다.)

하지만 평촌의 E업체도 단가를 빼고는 매우 맘에 드는 상황이다. C업체로 결정하기 전 앞선 6개 업체를 대상으로 입찰공문을 보내기로 했다. 마침 거래처를 확보하지 못했던 E 업체가 단가를 1,500원으로 하여 견적을 주었고, 최종적으로는 E 업체를 선정하여 구매를 하였다.

고등어와 마찬가지로 오징어와 삼치도 업체를 돌아다니면서 위 항목에 대해서 확인을 하면 된다. 이렇게 적은 아이템으로만 구매

업무를 하면 좋으련만, 실제는 수백 가지 원부자재의 늪에서 허우적거리게 된다.

판매가 예상대로 잘 이루어지고, 협력업체에서 납기와 품질을 잘 맞춰 공급해 준다면 구매 담당자 입장에서는 업무하기가 용이하겠지만, 마케팅이나 영업 부서에서는 판매계획을 수시로 수정하고, 협력업체에서는 공급 수량을 빵꾸 내는 일이 비일비재하다. 이러한 이유 때문에 일반 제조업에서는 S&OP라고 하는 생산/판매 회의를 한다. S&OP에 대해서는 SCM 말미에 설명을 하겠다.

3-2) 구매거래 계약

업체가 선정됐으면 구매거래 계약을 해야 한다. 앞의 이야기에서 나왔던 것처럼, 계약상 들어가는 기본 내용은 다음과 같다.

- 품목/품질 구성 상세 내역
- 최소 구매 수량(MOQ), 단가
- 납품장소, 납기
- 불량률 범위
- 위반 시 보상 등

가장 기본이 되는 부분은 어떤 제형과 기능을 가진 제품을 구매하는가에 대한 내용이다. 세부적인 내용이나 그림/도면이 들어가 있어야 주문과 다른 제품이 왔을 때 대응이 가능하다. 간혹 개발 샘플은 그림처럼 보내오고, 실제 납품되는 제품의 품질은 좋지 않은 회사들도 있기 때문이다. 그래서 구매하고자 하는 제품의 제형과 기능을 최대한 세부적으로 기술해 놓는 방법이 좋다.

두 번째로는 구매 수량과 단가이다. 업체 입장에서는 많은 수량을 구매할수록 매출이나 생산 효율 면에서 유리하기 때문에 많은 단가 할인을 해 주게 된다. 구매량이 적은 경우에는 비싸게 살 수밖에 없는 경우가 자주 생기는데, 회사가 커지고 구매량이 늘어나면 단가는 자연스럽게 낮아지게 된다.

세 번째로는 납기다. 언제까지 도착하게 해 달라는 내용은 너무 당연히 들어가야 하는 내용이라 생각해서 빼놓는 경우도 있지만, 문제가 생겼을 경우에는 계약사항을 기준으로 논쟁이 오가기 때문에 반드시 조항으로 넣어 놓도록 하자.

네 번째는 불량률의 범위다. 100% 완벽한 제품을 공급할 수 있다면 좋겠지만, 현실에서는 불량이 발생하기 마련이다. 이를 위해 일정 범위의 불량에 대해서는 허용을 하는 조항을 계약서에 쓰게 된다. 산업에 따라 차이가 있으며 업체마다 편차가 있다.

　마지막으로 기본 계약사항으로 들어가 있는 내용 중 문제가 생겼을 경우 가장 먼저 보게 되는 부분이 '위반 시 보상 등'이다. 공급하기로 했던 수량이나 품질에 문제가 없다면 계약사항을 다시 열어 볼 필요가 없는데, 업무를 하다 보면 꼭 문제가 생긴다. 공장 자재부에서 입고 과정에서 발견되는 경우도 있고, 생산 과정이나 소비자에게 판매가 된 후 발견되는 경우도 있다. 가장 애매한 상황은 귀책사유가 누구에게 있는지 애매한 경우이다. 이런 경우에는 주로 '을'에 있는 회사가 울며 겨자 먹기로 책임을 지는 경우가 많다.

　예전에는 업체에서 법인 인감을 날인한 계약서를 2부 만들어 서로 나눠 가지고 있는 형태로 계약이 진행이 됐다. 그러나 최근에는 IT 플랫폼의 발달로 전자 입찰에서 계약까지 온라인으로 진행하고 있는 회사들이 많아졌다. 담당자 입장에서는 수많은 서류에 대한 관리의 편의성이 있어 장점이 많은 플랫폼이다. 인터넷 검색어로 '전자계약'을 검색하면 여러 업체가 나오니 참고하기 바란다.

※ 해외에서 구매를 할 경우 참고사항

국내가 아닌 해외에서 구매를 할 경우 INCOTERMS라는 국제규칙이 있다. 해당 용어는 거래의 표준화를 위해 정해진 것이며, 각 INCOTERMS에 대해서 다른 거래 조건을 내포하고 있기 때문에 비용 포함 항목에 대해 계약서에 기입 시 명확히 해 줘야 한다. 통상적으로 많이 사용하는 거래 조건은 EXW(공장출고까지), FOB(제조국에서의 운반선의 위까지), CFR(공급받는 국가의 항까지) 조건이다.

이 외에 결제 통화에 대한 부분도 명확히 해 줘야 한다. 지금이야 드물기는 하지만 홍콩은 USD를 사용하지 않고 HKD를 사용하는데, 약자 표기가 비슷해 보여 나중에 사기를 당했다고 했던 기업들이 꽤 있었다.

그 외에 해외 sourcing의 경우 거래 업체의 신용도를 잘 알지 못하기 때문에 은행을 매개로 하는 L/C 거래 등, 여러 가지 실무가 있지만 너무 구체적으로 들어가게 되면 책 한 권이 될 것 같아 간략히 설명으로만 끝내고자 한다.

다음은 INCOTERMS에 포함되는 항목을 정리해 놓은 표이니, 추후 해외 구매 업무를 하는 분들은 참고하기 바란다.

비용 / INCOTERMS	출고가격			수출입비용 — 수출지발생					운임		수입지발생					비고
	상품원가	판관비용	이익	내륙운송비용	수출통관제비용	수출제세공과금	수출항부선사용료	수출항본선선적비용	해상운임	적하보험료	수입양륙비	수입관세	수출통관제비용	수출제세공과금	지방장소까지운송	해상운송및복합운송
EXW	○	○	○													M
FCA	○	○	○	○	○	○										M
FAS	○	○	○	○	○	○	○									●
FOB	○	○	○	○	○	○	○	○								●
CFR	○	○	○	○	○	○	○	○	○		△					●
CIF	○	○	○	○	○	○	○	○	○	○	△					●
CPT	○	○	○	○	○	○	○	○	○		○				○	M
CIP	○	○	○	○	○	○	○	○	○	○	○				○	M
DAF	○	○	○	○	○	○										M
DES	○	○	○	○	○	○	○	○	○	○	△					●
DEQ	○	○	○	○	○	○	○	○	○	○	○					●
DDU	○	○	○	○	○	○	○	○	○	○	○				○	M
DDP	○	○	○	○	○	○	○	○	○	○	○	○	○	○	○	M

○ 매도인부담   △ (정기선운송시)매도인 부담   M 복합운송가능   ● 해상운가능

3-3) 발주 및 물류 마감(매입세금계산서 처리)

계약이 완료되면 업체에 발주서를 작성하게 된다. 발주서에는 품목, 규격, 수량, 단가, 총금액 등이 명시되어 있다. 엑셀이나 ERP 내 발주서 출력하는 양식이 있다. 판매계획을 기준으로 산정된 자재 소요량에 따라 업체별 발주를 낸다. 발주서의 모습은 다음과 같다.

발 주 서

PAGE :

		작 성	검 토	승 인
결 재				

본 사:
전 화:
팩 스:

현 장		공 급 처	
품 종		전 화 번 호	
발 주 번 호		지 불 조 건	
발 주 자		인 도 조 건	
총 금 액		요 구 납 기	

No	품 명 / 사 양	단위	수 량	단 가	금 액	비 고
1						
2						
3						
4						
5						
6						
7						
8						
9						
10						
11						
12						
13						
14						
15						
합 계						부가세별도

발주를 나가기 전에 최종 승인권자에게 결재를 받게 된다. 회사의 규정에 따라 조금씩 상이하겠지만, 전체 자재 소요량에 대한 부분이 경영진에 의해 승인이 되었다면, 구매 부서장 선에서 승인이 이루어지게 된다.

발주가 끝나고 구매한 원부자재를 받게 되면 거래명세서와 매입세금계산서를 받게 된다. ERP 시스템이 갖춰진 회사라면 구매 입고처리 및 비용처리를 해 줘야 회계팀에서 마감작업을 할 수 있다. 비용 입력을 늦게 해 주는 경우, 회계 마감이 되지 않아 결산이 늦어지게 된다.

3-4) 외주 생산업체관리

회사마다 다르겠지만, 구매팀에서 외주생산업체를 관리하는 경우가 있다. 무상사급[5]의 경우 용역을 구매하는 행위로 포함되기 때문에 생산이 아닌 구매부서에서 관리를 하도록 역할을 구분해 놓은 회사들도 있다. 판매일정에 맞춰 원부재료 공급일정 및 생산계획을 짜는 일이며, 마감 시 공급된 수량에 따라 대금을 지급하게 된다.

---

5 원부재료를 공급하고 단순 용역만 제공하는 형태를 뜻함. 유상사급은 이와 반대로 원부재료를 업체에서 구매하여 완제품을 우리에게 다시 판매하는 형태이다.

인기 있는 외주 업체의 경우 사전에 일정 협의를 하지 않을 경우 생산 스케줄 잡기가 어렵기도 하다. 돈을 준다고 다 '갑'의 역할을 할 수 있지는 않다.

외주 업체는 상황에 따라 우리의 구원투수가 되기도 한다. 만약 자체적으로 공장의 CAPA를 늘릴 계획이 없다면 장기적인 관점에서 상생관계를 잘 유지하는 편이 좋다.

3-5) 수불관리(전사)

현황관리가 중요한 것은 모든 부서가 마찬가지지만, 구매/자재부서에서 특히나 중요한 현황은 바로 수불이다. 수불이란 자재의 입출고와 현재 위치를 나타내는 현황으로, 전체 자재에 대해 알 수 있는 자료인데, 정리가 잘되어 있지 않은 경우 회계결산이나 내부 재고 실사에서 어려움을 겪게 된다. 최근에는 SCM이 경영의 화두로 올라오면서 이러한 수불 정보도 중요한 이슈로 떠올랐다.

수불관리는 얼마가 입고되고, 사용되었으며, 현재 재고는 얼마나 남아 있는지에 대한 정보이다.

보통 '기초재고+당기입고-당기사용=기말재고'의 형식으로 정리한다.

재고가 늘고 있는가? 수불 현황을 보고 어떤 품목의 재고가 늘고 있는지 확인해 보자. 역으로 추적하다 보면 왜 재고가 늘고 있는지 알 수 있다.

잡담4: 뻥쟁이 구매 담당자

간혹 단가협의를 위해 구매업체에 수량을 뻥튀기하여 이야기하고, 그 수량에 한참 못 미치는 수량을 구매하는 직원이 있었다. 설탕 100t을 사용하기로 해 놓고 10원 단가 할인을 받고는 실제로는 10t밖에 구매를 안 하는 식이다. 구매업체는 나머지 90t을 재고로 안고 있다가 손실을 보게 될 수도 있다.

한두 번이야 업체에서 모른 척 넘어갈 수도 있지만, 최근 들어서는 공정거래위원회에서도 이런 부분을 관리하기 때문에 좋지 못한 상황이 발생할 수도 있다. 꼭 이런 부분이 아니더라도 장기적으로 이런 행위가 누적되면 업계에 소문이 나고, 결과적으로는 거래를 하지 않으려는 분위기가 형성된다.

비즈니스는 신뢰가 기본이 되어야 한다. 아무리 이익이 되는 행위라 할지라도 상대방에게 피해가 되는 행위는 하지 않는 것이 좋다.

4) 생산에서 하는 업무

영업에서 판매계획을 세우고, 구매팀에서는 계획에 따른 필요 원부자재를 구매하여 생산공장의 자재 창고로 입고가 되었다. 생산부서에서는 판매계획을 기초로 생산계획을 세운다. 생산계획은 제품 납기에 맞춰 짜긴 하지만, 원부자재가 언제 도착하느냐에 따라 끊임없이 조정이 들어간다.

생산에서 가장 중요한 세 가지는 품질, 납기, 비용이다. 공급업체가 원하는 정확한 스펙의 품질, 판매 시점에 맞게 생산해야 되는 납기, 낮은 가격에 제품을 생산해 주는 비용까지, 이 세 가지를 잘해야 좋은 생산기지라 할 수 있다.

생산기지에는 자재 창고, 생산라인, 완제품 창고로 구성되어 있다. 자재가 입고되면 생산일정에 맞춰 생산라인으로 자재를 출고해 준다. 그리고 완제품 포장 전 QC(Quality Control: 품질관리)가 제품에 하자가 있는지 없는지 검사를 한 후 완제품 창고로 이동하게 된다.

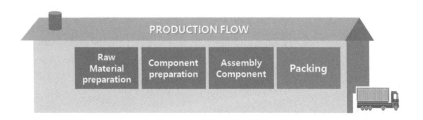

생산에서 하는 업무는 다음과 같다.

- 원부자재 검수 및 입고처리
- 생산계획 수립, 인원/공정 관리
- 출고계획 수립/수정
- 기계장치관리 등
- 생산성 점검 및 병목공정 개선

생산공장은 크게 세 개의 구역으로 구분이 되는데, 원부자재 창고, 생산라인, 완제품 창고로 구분이 된다. 내부적으로 자재부, 생산부, 출고부로 구분하기도 한다. 각 부서별로 하는 일들에 대해 세부적으로 알아보겠다.

4-1) 원부자재 검수 및 입고처리

생산해야 될 자재가 공장에 입고가 되면 기본적으로 입고 검사가 진행된다. 제품에 맞는 원부자재가 요청대로 들어왔는지, 불량은 없는지 검사를 한다. 중요한 품목에 대해서는 정확한 불량률 확인을 해야 구매부서에 정확한 불량률 정보를 줄 수 있다. 불량률에 대한 통계 자료를 정리하지 않을 경우, 구매부서에서 업체와 협상을 할 때 애매한 논리로 접근하게 되므로 검수작업과 현황 정리는 필수적으로 해야 한다.

검수는 전수검사와 샘플검사가 있는데, 생산에 중요한 영향을 주지 않는 품목은 샘플검사, 중요하게 판단되는 자재에 대해서는 전수검사를 진행한다. 검사가 끝나면 공장에 입고처리를 시킨다.

입고처리된 자재들은 생산 스케줄에 따라 생산라인으로 공급된다. 각 생산차수[6]에 맞춰 필요한 원부자재를 준비해 놓고, 생산라인에서 요청하면 공급해 준다.

언제 들어온 자재가 어떤 라인으로 공급되었는지에 대한 관리는

---

6 SKU별 생산계획을 짜기 위한 생산 일련번호를 뜻한다. 생산차수를 기준으로 생산계획을 세우며, 자재준비와 완제품 출고처리의 기준정보로서 활용된다.

필수적이다. 전수검사가 행해지지 않고 생산라인으로 투입된 자재에서 불량이 발견되는 경우에는 자재업체에 클레임 처리를 해야 하는데, 동일한 자재에 대해 여러 업체에서 공급을 받는 경우라면 필수적이다.

산업에 따라 다르긴 하지만 참치 캔을 만드는 공장이라면 참치의 크기, 신선도가 주요 검사 항목이 되고, 가죽 핸드백을 만드는 공장이라면 가죽의 면적과 면의 품질이 검사 항목이 된다. 자동차나 중장비 공장이라면 일정 부분 공정이 진행된 반제품 형태의 제품들의 규격이나 기능을 입고 시 검사하게 된다.

자재부서는 인원관리를 어떻게 효율적으로 하느냐에 따라 유휴인원이 급격히 늘어날 수도 있고 줄어들 수도 있다. 동일한 품목을 생산하는 여러 개의 공장이 있다면 운영에 대한 비교가 가능하지만, 단일 공장을 운영하는 경우는 비교할 대상이 없기 때문에 내부적으로 고민을 한 만큼 효율을 얻을 수 있다.

입고처리 된 자재에 대해서는 보관 구역과 규칙에 맞게 자재를 정리한다. 원자재, 부자재, 소모품 등, 정해진 구역에 자재를 보관한다. 보통은 랙을 이용하여 2단에서 3단 높이로 관리를 하며, 각 구역에는 장소에 대한 번호가 있다. 백화점이나 대형 쇼핑몰의 주차장에 주차구역 번호가 매겨져 있는 것과 동일한 방식이다. 또한 선입선출, 후입선출이냐에 따라 자재를 배치하는 방법도 달라진다.

선입선출 방식은 편의점의 냉장 음료수를 생각하면 된다. 맨 먼저 넣은 품목이 가장 먼저 빠지는 구조다. 당연히 선입선출이냐, 후입선출이냐에 따라 자재창고의 구조도 달라지게 된다. 대부분의 공장은 선입선출의 구조로 관리가 된다.

4-2) 생산계획 수립, 인원/공정 관리

공장의 생산부서에서 하는 일은 납기에 맞춰 생산을 하는 일이다. 생산을 하기에 앞서 가장 먼저 하는 일은 생산계획을 세우는 일이다. 영업에서 판매계획을 세우고, 원부자재의 입고 일정에 따라 생산계획을 세우게 되는데, 여러 가지 요인으로 인해 생산일정이 변경되기도 한다.

생산계획의 기준이 되는 정보는 바로 생산차수이다. 예를 들어 The Tuna Store에서 아메리카노, 카라멜, 모카 세 가지 맛의 참치 캔을 생산하기로 했다고 가정하자.

맛 구분	GS25	이마트	롯데백화점	합계
아메리카노	50개	10개	100개	160개
카라멜	30개	100개	10개	140개
모카	5개	5개	10개	20개
합계	85개	115개	120개	320개
납기	01/10	02/05	05/25	

공장에서 한 번에 한 가지 품목만 생산할 수 있는 라인을 가지고 있다고 한다면 어떻게 운영하는 게 효율적일 것인가? 공장 입장에서는 당연히 한 가지 품목을 한꺼번에 생산하는 방법이다. 각각의 맛을 순차적으로 생산라인에 투입하게 되면 가장 좋은 생산성을 낼 수 있다. 하지만 몇 가지 이유에서 한 가지 맛만 생산하기 어려운 점이 있다. 지금이 1월 3일이라고 가정하고 하루에 10개씩 생산이 가능하다고 하면 GS25의 85개를 맞추기 위해서는 나머지 일수를 꼬박 생산해야 납기를 맞출 수 있다. 생산 입장에서야 품목을 교체하게 되면 공정 변경에 시간이 걸리기 때문에 가급적이면 최대 효율성을 내는 방법으로 가고 싶겠지만, 납기라는 제약이 있기 때문에 공장이 유리한 대로 운영할 수 없다.

만약 GS25에서 가장 판매가 잘되는 아메리카노만 1/10까지 공급해 주고, 나머지는 2월 초까지 납품해도 괜찮다고 한다면 이마트의 품목과 같이 생산을 할 수 있다. 차수는 다음과 같은 방식으로 정리가 된다.

생산차수	품목	수량	생산예정일
1101	아메리카노	60개	01/03
1102	카라멜	130개	02/01
1103	모카	10개	02/04
1104	아메리카노	100개	03/01
1105	카라멜/모카	20개	03/15
	합계	320개	

차수기준으로 보는 방법 말고도 품목별 생산일정을 보는 경우도 있다. 무엇을 기준으로 내용을 파악하느냐에 따라 양식은 얼마든지 변경 가능하다.

품목	구분	1월	2월	3월	합계
아메리카노	차수	1101차		1104차	
	수량	60개		100개	160개
카라멜	차수		1102차	1105차	
	수량		130개	10개	140개
모카	차수		1103차	1105차	
	수량		10개	10개	20개
합계	수량	60개	140개	120개	320개

이처럼 생산의 기본은 생산계획이다. 그냥 생산계획을 세우는 데도 시간도 많이 걸리지만, 그 이후 수정도 여러 번 생기게 된다.

첫 번째 이유는 판매계획의 수정이다. MTS 방식의 생산구조인 경우, 영업에서 판매 추이에 따라 판매계획을 수정할 수 있고, 이에 따라 생산계획은 수시로 변경된다. MTO 방식은 MTS보다는 변동이 좀 덜한 편이긴 하지만, 여러 고객사가 있는 경우라면 급하게 생산 요청이 들어오는 경우가 생산계획을 변경하는 이유가 되겠다. 그래서 차수에도 긴급성을 나타내는 유(有)의미 코드를 부여하기도 한다. 가장 첫 자리의 숫자 중 1은 급한 주요 품목, 9는 한참 뒤로 밀려도 되는 주문 등으로 구분하는 방식이다.

이 외에 입고되어야 하는 자재의 납기에 문제가 생기거나, 입고된 후 품질에 문제가 있어 생산계획을 뒤로 미루는 경우도 비일비재하게 생긴다.

생산계획을 조율하는 일만으로도 상당한 시간이 걸리기 때문에 생산을 총괄하는 공장장의 경우는 항상 머릿속에 생산일정을 넣고 다닌다. 이러한 작업을 도와주는 IT 시스템이 MES(Manufacturing Execution System)라고 불리는 전산이다. 규모에 따라 도입이 되어 있을 수도 있고, 없다면 전통적인 엑셀로 정리를 하고 있을 것이다.

생산계획이 수립되면 그 일정에 따라 인력이나 공정의 변경을 어떻게 줄지 조정하게 된다. 다품종 소량생산을 하는 공장들은 이 변경을 얼마나 신속히 하느냐에 따라 생산성이 결정된다.

4-3) 출고계획 수립/수정

생산계획만큼이나 중요한 부분이 출고계획이다. 납기에 맞게 제품이 생산이 되었는지 확인하고, 일정까지 생산이 되지 않았을 경우 고객에게 납기 연장을 하거나 수량을 협의하는 방식으로 조율하게 된다.

영업에서 판매계획을 수정하게 되면 생산계획이 흔들리듯, 출고계획은 생산현황에 따라 계속적으로 흔들린다. 생산하고 있는 제품이 고객 요청과는 다르게 제작이 됐다든지, 생산이 끝났는데 치명적인 품질 문제가 발견됐다든지 하는 이유로 후속되는 출고계획은 요동칠 수밖에 없다.

출고계획이 변경되는 경우, 출고 담당자는 영업부서에 이 내용을 미리 알려 고객과 조율하는 작업을 진행할 수 있게 해야 한다. 공장이 여러 개가 존재하고, 생산하는 SKU가 많은 경우에 생산관리와

출고 담당자는 끊임없이 영업과 내용을 공유해 줘야 한다. 이 과정에서 담당자들끼리 언성이 높아지는 경우도 종종 발생한다.

생산계획 수립 시 기준이 되는 차수는 제품기준의 계획이지만, 출고계획은 최초 주문을 받은 업체별로 다시 관리가 된다. 물류 부분에서 다시 이야기하겠지만 제품의 CBM[7]을 기준으로 운반 차량이나 컨테이너를 수배한다. 출고계획과 운송에 대한 조율이 끝나면 공장의 역할은 끝난다고 볼 수 있다.

4-4) 기계장치관리 등

생산이 중단되는 주요 사유 중 하나는 기계장치가 고장 나기 때문이다. 공장에는 기계관리를 위해 점검 체크리스트나, 주요부품 교체 주기에 대한 내역이 있는 장부를 관리한다. 봉제업체의 생산라인의 미싱이 한두 개 고장 났다면 큰 문제가 되진 않겠지만, 음료생산라인처럼 자동화 공정으로 제품 생산이 되는 업체라면 라인 전체가 중단이 되므로 생산에 큰 타격을 입게 된다.

기계장치관리 담당자는 매일, 매월, 분기, 연간 단위로 관리해야

---

7   Cubic meter: 가로×세로×높이

할 사항에 대해 점검과 부품교체를 주기적으로 하게 되며, 장치의 상태에 따라 신규장비 도입에 대한 검토도 한다. 이런 기계장치를 관리하는 사람을 현장에서는 Operator라고 부르기도 한다.

4-5) 생산성 점검 및 병목공정 개선

생산에서 빼놓을 수 없는 부분이 생산성관리이다. 어떤 부분에서 병목공정이 생겨 생산성이 저하되는지 끊임없이 탐구하고 개선하는 작업을 한다.

Full Capacity라는 개념은 공장에서 생산 가능한 최대치를 말하는데, 최대 생산의 몇 퍼센트를 생산하고 있는가를 관리하는 것을 조업도관리라고 한다.

조업도는 투입인원/시간/설비대수를 고려하여 기준을 정한다. 최대치에 가깝게 목표를 설정하는데, 그 이유는 공장은 인원이든, 장비든, 유휴 시간이 생기면 제조원가가 올라가기 때문이다.

Cost Volume Profit Analysis

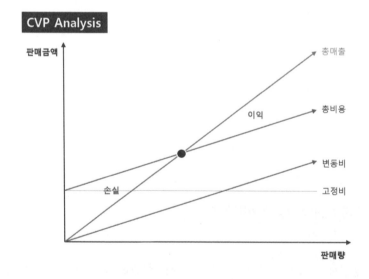

문제가 생겨 제조가 매끄럽게 이어지지 않는다면 현장에서도 바로 나타나겠지만 적절하게 생산이 잘되고 있는 경우에는 약간의 병목공정이 잘 드러나지 않는다. 이럴 경우 사후적으로 관리되는 생산성 수치를 통해 라인별, 혹은 기간별 비교를 하게 된다.

보통은 생산 라인별로 몇 개의 완제품이 나왔는지를 계속적으로 관리하는데, UPH(Unit Per Hour, 시간당 생산량)와 UPMH(Unit Per Man Hour, 1인 기준 시간당 생산량)기준으로 수치를 관리한다.

	장치대수	인원	시간	총 사용시간	생산량	UPMH
Line1	3대	6명	8시간	48시간	330개	6.9%
Line2	2대	4명	9시간	36시간	245개	6.8%
Line3	1대	2명	10시간	20시간	130개	6.5%

간단히 예를 들어 앞의 현황으로 볼 때 인원당 생산성은 Line1이 가장 효율적으로 운영이 되고 있다고 볼 수 있다. 동일한 품목이 생산된다면 단순한 비교가 되겠지만, 다양한 제품이 유동적으로 생산이 되는 Line이라면 단순비교가 조금 어렵다. 때문에 제품에 대한 난이도 가중치를 주는 방법으로 생산성에 대한 평가를 하기도 한다.

생산에서는 병목공정 관리를 한다. 병의 출구와 같다고 하여 병목공정(Bottleneck)이라는 이름이 붙었다.

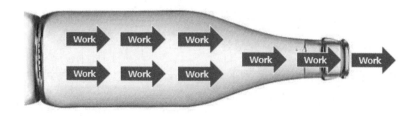

사토 료라는 일본 컨설팅 회사의 사장이 발행한 책『원점에 서다』(원제 Back to the basics)를 보면 다양한 업무 개선 사례가 나온다. 주로 제조업의 이야기이지만 생각해 볼 점이 많기 때문에 병목공정 개선을 업무로 맡고 있는 분이라면 꼭 한번 읽어 보길 바란다.

내용의 주는 일을 하는 '목적'을 생각하면서 업무를 진행하자는 것이다. 반복적인 일을 하다 보면 익숙해진 나머지 더 좋은 방법이 있음에도 개선하지 않고 습관적으로 일을 하면서 발생하는 에피소드를 이야기하고 있다.

봉제업 같은 경공업 제품의 경우, 아직까지 인력의 투입이 많이 되는 경우가 있다. 생산현장은 몇천 명 혹은 몇만 명의 인력이 투입되어 작업을 한다. 손으로 하는 작업이 많기 때문에 자동화 공정으로 돌릴 수 있는 요소가 아직 많이 존재한다. 정리정돈부터 Line, 공정관리까지 하나하나 보면 분명 개선할 부분이 나온다.

하지만 생산성 향상을 위해 너무 세부적인 부분들까지 관리를 한다고 할 경우, (예를 들어 신발을 부착하는 본드 사용량을 시간당 그램 단위까지 관리하여 전산에 입력하는 행위) 과잉 관리로 인해 관리비용이 오히려 생산성의 발목을 잡는 경우도 생긴다. 그렇기 때문에 적정 수준의 관리 방법을 찾는 것이 좋다.

지금까지 생산에서 하는 일을 살펴보았다. 생산은 업종에 따라 그 형태가 많이 다르기 때문에 한 분야의 생산 전문가가 다른 업종으로 옮겨 가기가 쉽지 않다. 반대로 전문가로 거듭나기까지 시간이 많이 걸리기 때문에 일정 수준 이상의 경험이 쌓이게 되면 회사에서도 전문성을 인정받을 수 있다. 제조경쟁력에 따라 업체에 공급가를 낮출 수 있기 때문에 '제조경쟁력=영업경쟁력'이라고 생각할 수도 있다.

5) 물류에서 하는 업무

물류라고 하면 너무 광범위한 정의이기 때문에 여기에서 말하는 물류는 완제품의 보관과 운송 두 가지로 한정하겠다.

원부자재가 창고에 입고되기까지는 조달물류라고 하는데, 구매/자재에서 조달물류를 책임지고, 완제품의 보관과 운송은 물류에서 처리한다.

고객사가 지정해 준 위치로 납기에 맞춰 완제품을 납품하는 마지막 단계를 물류부서에서 처리해 준다.

MTO 방식은 납기가 정해져 있기 때문에 별도 생산공장 완제품 창고만 활용해도 큰 무리가 없다. 그러나 MTS 방식이라면 판매추이나 상황에 따라 재고수준이 생산공장의 창고만으로 부족할 수도 있다. 이러한 경우 외부의 창고를 임대하여 사용하게 된다. 또한 외주에서 생산된 완제품도 내부 창고 혹은 외부 임대창고로 이동시켜 줘야 하며, 수량에 대한 갱신도 계속적으로 해 줘야 영업부서에서 출고 요청을 적정하게 할 수 있다. 만약 물류에서 완제품에 대한 수량을 적시에 갱신해 주지 않는다면 영업에서 주문을 과도하게 받아 결품이 발생하게 된다.

완제품의 위치와 수량관리뿐만 아니라 어떤 창고에서 어떤 제품을 어디로 얼마나 공급해 주는지 파악하여 차량수배를 하는 일도 물류부서에서 하게 된다. 국내에서의 이동이라면 지입차나 용차를 이용하여 운송계획을 수립하고, 수출기업이라면 컨테이너를 일정에 맞춰 수배한다.

이 과정에서 운송효율관리를 하게 되는데, 생산업무 설명 시 잠깐 언급했던 CBM 측정을 통해 운송 차량의 크기를 조정하게 된다. 그리고 운송에 대한 정보를 관리함으로써 운송효율을 수치화하여 분석한다. 계획 수립과 효율에 대한 분석은 다음과 같다.

총 운송 CBM

톤수	운행횟수	기준 CBM	총 CBM
11t	50회	50	2,500
10t	30회	42	1,260
5t	70회	24	1,680
합계	150회		5,440

총 제품 CBM

구분	총 CBM
제품 A	3,500
제품 B	1,000
제품 C	300
합계	4,800
CBM 효율	88.2%

제품 SKU별 CBM에 대한 INDEX를 만들어 놓고 전체 공간에 대한 계획을 수립한다. 운송 효율을 높인다면 운반비를 조금은 낮출 수 있으니 운송효율에 대한 부분은 KPI로 관리하기도 한다.

물류의 효율성을 극대화한 회사가 바로 Fedex다. 아이러니하게도 창업자인 Frederic W. Smith가 대학교 때 이 회사의 기본 비즈니스 구조인 'Hub and Spoke' 방식을 교수님께 설명했다가 말도 안 되는 소리라는 답변을 받았었다. 하지만 이 방법으로 Fedex는 큰 성공을 거두게 되고, 대부분의 대기업들은 해당 모델을 물류의 기본 구조로 가지고 있다.

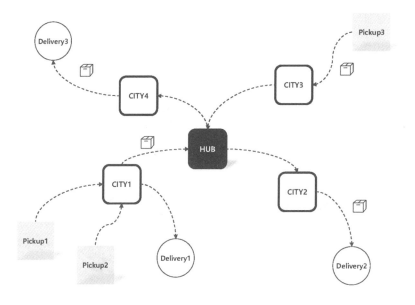

글로벌 회사인 경우, 큰 권역별(아시아 지역, 북미 지역 등) Central 물류 창고를 만들고, 그곳에서 다시 도시로 제품을 전달하는 방식을 채택하고 있다. 워낙 효율성이 검증된 방법이기 때문에 새로운 운송방식이 등장하기 전까지는 대부분 해당 물류 구조로 운영될 것으로 보인다.

수산업에서는 선박에 대한 운항관리를 한다. 근 2년 동안 넓은 바다를 누비기 때문에 양상에서 유류 수급을 하고, 잡았던 생선을 운반선에 옮겨 실어 줘야 한다. 그리고 선박에서 사용할 보급품도 받아야 하고, 선원이 승·하선 시 도착 스케줄에 맞춰 선박의 입·출항

일정도 조정을 해 줘야 한다. 이러한 모든 사항을 고려하여 개별적인 스케줄을 조절하는 행위는 물류 운영의 종합판이라고 볼 수 있겠다. 재미있는 일이긴 하지만, 조업현장은 365일 돌아가기 때문에 업무 과부하가 항상 일어나는 곳이기도 하다.

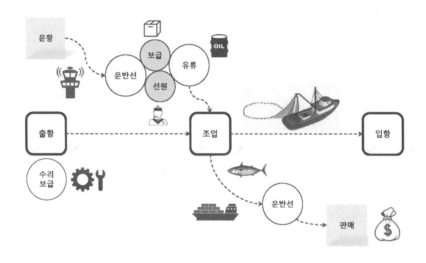

물류 부분은 Supply Chain의 꽃이라고도 불린다. 부분별로 워낙 관리해야 할 사항이 많기 때문에 비전문가 입장에서 설명할 수 있는 내용은 이 정도일 것 같다.

SCM에 대해 좀 더 구체적이고 생생한 현장을 알고 싶다면 책 『미친 SCM이 성공한다』를 추천 드린다.

6) 연구실에서 하는 업무

마케팅에서부터 물류까지 전체 운영 과정 중 한 가지 빠진 부분이 있다. 바로 연구실이다. R&D Center라고 불리기도 하는데, 제품의 개발에 있어 중추적인 역할을 하게 된다.

게임산업의 경우 신규 게임의 개발, 자동차산업이라면 신차 개발, 식음료산업이면 새로운 맛의 음료 개발 등이 되겠다. 마치 연금술사처럼 원재료를 등가교환하여 새로운 형태로 완성시키는 일이다. 마케팅의 제품 출시 일정에 맞춰 연구실에서는 제품 개발을 진행한다. 예정대로 제품 개발이 된다면 출시에 문제가 없겠지만, 예상과는 다르게 진행되는 경우에는 출시지연이나 개발과정에서 제품 출시 포기와 같은 상황도 발생할 수 있다.

제조업에서는 신제품 개발을 할 경우 투입되는 원부재료의 구성과 대량 생산 시 기본적인 공정을 수립한다. 여기에 원부재료의 단가와 투입 공수가 산정되면 제품의 기본적인 가격이 나오는 근거가 된다.

SCM 전반적인 프로세스에 대해 설명을 하는 목적이기 때문에 업종에 특화된 연구실의 세부 업무에 대해서는 이 정도로 간략히 설명하고 넘어가도록 하겠다.

잡담5: 효율적인 SCM 운영방법론, S&OP

SCM을 관리하는 운영방법론 중 이론적으로 체계화된 것이 Sales and Operations Planning(이하 S&OP)이다. 시장의 판매 수요와 내부 생산의 공급의 균형을 맞추는 작업이며, 재고 예측을 통해 적정 수준의 재고를 유지하도록 도와준다.

대기업이나 중견기업에서는 나름대로의 판매/생산 운영 도구를 가지고 있다. S&OP회의 혹은 생산판매회의라고 불린다.

S&OP가 왜 필요한가?

Supply Chain Management 영역이라 함은 영업, 구매/자재, 생산을 어우르는 물류 운영의 총체적인 개념을 말한다. 영업에서는 판매계획을, 구매에서는 원부자재 구매를, 생산에서는 생산계획 수립을 각각 진행한다. 만일 각각의 부서가 하는 일에 대해 정보 공유가 긴밀히 이루어지지 않고 제각각 운영된다면 어떤 현상이 벌어질까?

- 영업부서: 제품이 결품 나면 실적에 차질이 있고, 많이 판매하면 좋으니 무조건 판매 계획을 높게 세워야지.

- 구매부서: 생산에서 원부자재 부족이 일어나면 안 되니 안전 재고를 많이 가지고 가야지.
- 생산부서: 납기는 언제인지 모르겠지만, 일단 생산성을 위해 원재료가 있는 대로 생산해야지.

이와 같은 생각을 가진 실무자들이 조율 없이 업무를 진행했다고 가정하고, The Tuna Company의 사례로 다시 돌아가 보자.

[재고의 늪에 빠진 The Tuna Store]

The Tuna Company의 영업부서에서는 이번 달 고등어 판매계획을 500 마리로 잡았다. 왜냐하면 500마리 판매 달성 시 인센티브가 나오기 때문이다. 지난 달에도 목표량 대비 충분한 판매를 했기 때문에 이번달에도 판매할 자신이 있었다. 그런데 불현듯 지난 달에 결품(주문은 들어갔으나 공급이 되지 않은 상황)이 발생하여 목표 달성에 실패한 것이 생각이 났다. '이번에는 좀 더 판매계획을 많이 세워 결품에 대비해야겠다.'라고 영업 사원은 생각했다. 그래서 판매계획에는 550마리 판매로 잡고 최종 자료를 공유하였다.

구매부서에서는 550마리 판매계획을 전달받고 발주를 진행하다가 문득 지난 달 생산에서 원료불량이 발생한 것이 생각났다. 생산불량인지 원료불량인지 명확하진 않지만, 생산부서에서 그렇게 말하는 이상 검증할 방법이 없었고, 결품 발생으로 영업임원에게 구매 팀장이 깨지는 상황이 발생하였다. '원료를 좀 더 구매하면 원료불량이 나도 전체 제품 생산은 차질이 없겠지.'라고 구매 사원은 생각을 했다. 고민 끝에 600마리 고등어를 발주하였다.

생산부서에서는 고등어 550마리 판매계획을 받았으나 원재료 600마리가 입고된 것을 보고 난감한 상황이 되었다. 왜냐하면 지난 달 원료불량이라고 출고하지 못한 제품이 있는데, 사실 생산에 차질이 생겨 원료불량이라고 거짓말을 했기 때문이다. 고등어 완제품 100마리가 창고에 있는 실정이었고, 판매가 되지 않을 경우 완제품 창고에 수용이 불가했기 때문이다. 하지만 그렇다고 생산을 조절했다가는 생산성이 떨어질 것이 눈에 보듯 뻔하기 때문에 600마리 모두 생산하기로 했다. 결과적으로 해당 월 말 재고 수량은 700마리가 되었다.

앞의 예시를 정리하면 다음과 같다.

실제 판매예측: 500마리

영업 판매계획: 550마리

생산 제품공급: 600마리

실제 제품재고: 700마리

실제 판매될 수량과 생산에서 가지게 될 재고 수량과는 200마리
가 차이 나게 된다. 내부 회사뿐만 아니라 1차, 2차 협력사를 가지
고 있는 큰 제조기업의 경우는, 협력사들의 재고가 기하급수적으로
늘어나게 된다. 이렇게 정보가 왜곡되는 현상을 고상하게 Bullwhip
Effect 혹은 Beer Game이라고 표현하기도 한다.

바로 여기에 S&OP를 운영하는 이유가 있다.

재고 수준과 판매에 대한 적정성을 계속적으로 확인하고, 원부자
재 구매량과 생산량을 끊임없이 조절하는 행위이다. 주간, 월간 단
위로 정기적 운영을 대부분의 회사들이 하고 있고, 업종이나 주문
형태(MTO, MTS)에 따라 방법론이 달라지기도 한다. 영업, 구매, 생
산, 물류 등 전 부서가 모여 현황관리를 하는 형태이다.

만약 너무 보수적으로 운영이 된다면 결품이나 생산차질이 생겨 영업력이 저하되는 문제가 발생할 수 있고(시장 상실, 품질저하), 너무 공격적으로 운영이 된다면 재고에 대한 부담(수익성 악화, 현금흐름 악화)을 가지게 된다. 다시 말하자면 수요와 공급의 적절한 중간 지점을 끊임없이 확인하는 과정이라고 보면 되겠다.

아주 어려운 개념은 아니지만, 그렇다고 쉽게 회사에 응용할 수 있는 운영방법론도 아니다. 만약 직접 공부하여 회사에 이러한 구조를 만들고 싶다면 심플하게 주요 아이템에 대해서 일단 해 보는 것이다. 해 보면서 점점 정교화를 시켜 보는 방법도 좋다.

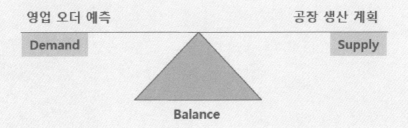

SCM을 마치며

지금까지 회사의 내부적인 SCM 프로세스에 대해 알아보았다. 좀 더 광의적인 SCM이라면 협력업체와 소비자에 이르는 과정을 다뤄야 하겠지만 광범위한 부분까지 설명하다 보면 회사 내 운영에 대한 내용이 분산될 것 같아 내부적인 프로세스를 중점적으로 설명하였다. 다음은 영업활동부터 생산까지 SCM의 일련의 활동이 어떤 방식으로 회계에 기록되고, 어떻게 활용되는지 보도록 하겠다.

잡담6: 원양어선 승선기

참치 캔의 원료인 가다랑어는 태평양의 원양어선에서 잡힌다. 선 망어선이 가다랑어 어군을 찾아 큰 그물을 쳐서 잡는데, 한번에 많 게는 300~400t가량 잡히기도 한다. (순살 참치 캔 하나에 100g이라 고 가정하면 약 4백만 캔이 생산 가능하다.)

사조산업이라는 회사의 참치사업부에서 근무할 당시 현장 경험 이 필요하다는 사장님의 지시에 따라 원양어선을 약 한 달 반가량 타게 되었다. 선박은 2년마다 한번씩 국내로 들어오기 때문에 솔로 몬 제도의 호니아라 항에서 선박에 승선했다.

원양어선에는 대략 25명의 선원이 각각의 역할을 수행한다. 선장 은 총괄, 항해사는 선박의 조타, 기관장은 기계장치관리, 갑판장은 그물과 갑판정리 등 각자의 위치에서 맡은 역할을 하는데, 이는 조 직에서 각 부서별로 업무를 하는 것과 비슷하다.

어떤 선박이 참치를 잘 잡는지에 대한 분석을 나름대로 해 보았는 데, 결국은 각자의 업무와 팀워크가 잘 이루어지고, 설비투자가 잘 되어 있는 선박이 어획량이 좋았다.

부지런한 선장은 전날 저녁부터 날씨와 기상, 그리고 어군에 대한 정보를 탐색하고, 아침 일찍 일어나 어군을 찾는다. (적도 부근은 일출이 5시 정도이다.) 일찍 일어나는 새가 먹이를 잡는다는 말처럼, 좀 더 일찍 관심을 갖고 바다를 보면 다른 조업선보다 기회를 더 많이 얻게 된다.

선장이 어군을 잘 찾아간다 할지라도 항해사가 조타를 잘못하거나, 중간에 엔진이 꺼지거나, 그물을 쳐야 하는데 갑판장이 관리를 해 놓지 않아 투망 중 꼬여 버린다면 결국 어획을 하는 데 실패하게 된다.

또한 선박의 수리가 잘되어 있고, 성능 업그레이드가 잘되어 있으면 같은 상황에서도 좀 더 유리한 위치를 점할 수 있다. 한번은 10마일 떨어져 있는 어군을 비슷한 위치에 있는 선박보다 먼저 발견을 하고 항해를 시작했다. 우리 배가 이동하는 낌새를 눈치채고 옆의 선박도 같은 방향을 틀었다. 내가 타고 있던 선박은 14노트의 최고 속도를 가지고 있었는데, 그 옆에 있는 선박은 그 이상의 속도로 이동 가능한 조업선이었다. 안타깝게도 우리 선박이 먼저 어군을 향해 달렸음에도 조업의 기회를 빼앗겨 버렸다. 그 선박은 아마도 신형 엔진을 가지고 있었을 것이다.

회사도 마찬가지로 어느 한 사람이 잘한다고 잘되지 않는다. 부서 간 협업도 잘 이루어지고, 관리를 효율적으로 하기 위한 인프라(IT 시스템, 설비 등)의 투자도 계속적으로 이루어져야 한다. 그래야만 지속 가능한 성장을 이루는 회사로 남을 수 있다.

제4장

재무
운영

뭐니 뭐니 해도 Money가 최고

재무운영은 크게 회계의 기록과 자금 유동성 관리로 볼 수 있다. 우선 회계 부서의 일을 간략히 보자.

회계부서에 처음 입사하게 되면 가장 먼저 하게 되는 일 중에 하나가 바로 전표 확인이다. 각각의 사업부나 사업장에서 접수된 전표가 각 계정에 맞게 잘 기표가 됐는지 확인하는 작업이다. 매출로 처리를 해야 할 것을 비용계정으로 처리했거나, 차대변이 반대로 기표가 되었거나 혹은 증빙과 금액이 다른 것 등 다양한 부분을 체크하여 전표 마감 처리를 한다. SCM의 영역에서 발생한 매출과 비용 전표들이 마지막으로 모이는 곳이 바로 회계팀이라고 할 수 있겠다. 계정이 정확하지 않으면 결산 시 엉뚱한 숫자가 나오게 된다. 그리고 좀 더 정확한 수익성 분석을 위해서라도 계정의 분류는 정확하게 기록되어야 한다.

그 다음으로는 각종 세금관련 신고이다. 원천세, 부가세, 법인세 등 시기에 맞춰 관할 세무서에 신고를 하게 되어 있다. 이 역시 누락되거나 잘못 신고했을 경우 가산세가 부과되기도 하기 때문에 정확히 해 줄 필요가 있다. 회사가 커지면 SCM 운영에 의한 수익성도 중요하지만, 적정규모 이상으로 커진 회사는 어떻게 효과적으로 법인세를 줄일 수 있는가를 고민하게 된다. 세무는 아는 만큼 줄일 수 있다. 때문에 회계부서에 입사를 했다면 장기적으로 세무 공부는 필수이다.

1) 회계는 왜 중요한가?(기업의 언어)

회계라고 하면 숫자를 만지는 고리타분한 영역이라 느끼기 쉽다. 그럼에도 불구하고 회계를 알아야 하는 이유는 이 따분한 숫자가 바로 기업의 언어이기 때문이다. 하지만 그냥 볼 수 있는 숫자는 아니다. 기본적인 용어와 개념을 알아야 어떤 의미를 하고 있는지 알 수 있기 때문이다. 워렌 버핏 아저씨처럼 기업에 주식 투자를 하고 싶더라도 일단 기업의 실적이 좋은지 아닌지는 숫자로 이루어진 재무제표를 봐야 알 수 있다.

회계의 기표는 기록으로 시작된다. 현재와 같은 복식부기가 처음 시작된 곳은 이태리이고, 대략 12~15세기 사이 지중해의 해상 무역의 발달로 상업이 발달하면서 만들어진 것으로 추정된다. 역사적으로 보면 꽤 오래된 형식의 기록 방법이다. 복식부기의 특징은 좌/우를 나누어 이중으로 숫자를 관리하는 것이다. 회계에서는 차변/대변으로 구분을 하며, 회계의 기본 5요소(수익, 비용, 자산, 부채, 자본)에 따라 증감이 달라진다.

그렇다면 재무제표는 어떻게 구성되고, 무엇을 내포하고 있는지 알아보도록 하자. 다른 전문서적에 많이 있는 내용이긴 하지만 처음 회계를 접하는 사람들도 있을 것 같아 주요 개념만 간략히 설명하겠다.

재무제표(Financial statement)는 크게 세 가지로 구성된다.

- 손익계산서, Profit and Loss(수익, 비용)
- 대차대조표, Balance Sheet(자산, 부채, 자본)
- 현금흐름표, Cash flows(유동성)

손익계산서는 말 그대로 회사가 수익을 냈느냐, 손실을 냈느냐를 보는 지표이다. 몇 년간의 손익계산서의 순이익의 수준을 보면 비즈니스가 좋은지, 나쁜지를 알 수 있다.

대차대조표는 자기자본, 부채 그리고 이 둘을 더한 자산의 규모를 알 수 있는 지표다. 자산이 많더라도 자기 자본 비율이 낮고, 부채가 많다면 건강한 회사라 볼 수 없다.

마지막으로 유동성의 지표가 되는 현금흐름표가 있다. 실제 현금이 움직이지 않는 감가상각이나, 손익계산서에 표현되지 않는 배당은 현금흐름표에 나타난다.

개념의 이해를 위해 간단한 예를 들어 보도록 하겠다.

[나긍정 사장의 창업 장부]

나긍정 아저씨는 정리해고를 당할 때 받았던 위로금 5천만 원을 The Tuna Store를 차리는 데 쓰기로 했다.

처음 회사나 가게를 차리는 데 투입되는 돈을 회계에서는 '자본금'이라고 한다.

2017년 1월 1일 자로 생선가게를 계약한다. 월 임대료는 100만 원이다. 간판을 달기 위해 업체를 불러 작업을 했다. 비용이 50만 원 들었다.

간판비용 500,000원/현금 500,000원

차변과 대변이 같아야 하므로 비용(왼편)에 500,000원이 적혀 있으니 오른쪽에도 같이 500,000원을 적어 주면 된다. 비용의 증가는 차변에, 자산(현금)의 감소는 대변에 적어 주면 된다. 무슨 얘기인지 이해가 되지 않는다면 우선 이런 내용이 있나 보다 생각하고 일단 읽어 주시기 바란다. '현금 쓴 것은 오른쪽(대변)에 기록하면 된다.'만 기억하자.

생선보관을 위해서 냉장고도 하나 구매했다. 앞서 간판에서 보다시피 이 또한 비용이다. 냉장고의 가격은 100만 원이다.

냉장고 구매비용 1,000,000원/현금 1,000,000원

원래 기계장치나 건물 인테리어는 보통 자산처리를 하고 감가상각[8]이라는 생소한 용어를 쓰는데, 여기서는 일단 비용으로 보자.

모든 준비가 완료됐으니 이제 판매할 생선을 사야겠다.

평소 영업을 하며 알고 지내던 최문어 씨에게 고등어 1,200마리를 마리당 5,000원에 구매하기로 한다.

총 6,000,000원 고등어 구매 비용으로 지출하였다.

고등어 6,000,000원/현금 6,000,000원

고등어의 경우 앞으로 판매할 상품이기 때문에 잘 기록해 둘 필요가 있다.

그래서 별도 수불부(수량과 금액을 정리해 놓는 자료)에다가 기록을 하기로 하였다.

* 수불부
매입 고등어 1,200마리/5,000원/총 6,000,000원

---

8   감가상각: 고정자산의 가치감소를 산정하여 그 액수를 고정자산의 금액에서 공제함과 동시에 비용으로 계산하는 절차

본격적으로 판매를 시작하기 전에 지금까지 일어났던 행위에 대해 회계 처리가 어떻게 되는지 살펴보자.

앞에서 언급한 T 계정으로 정리한 거래의 유형이다.

단위: 원

비용↑	간판	500,000	현금	500,000	자산↓	
비용↑	냉장고	1,000,000	현금	1,000,000	자산↓	
자산↑	고등어	6,000,000	현금	6,000,000	자산↓	
		7,500,000		7,500,000		

보면 왼쪽과 오른쪽이 동일하게 되어 있다. 화살표 표시가 되어 있는 '비용'과 '자산'은 분류를 위한 큰 묶음이라고 우선 생각하자. 간판, 냉장고는 이름은 다르지만 성격상 '비용'으로 묶인다고 보고, 현금과 고등어는 '자산'으로 분류가 된다고 보자.

첫 손님인 루이 암스트롱이 방문했다. 루이 암스트롱은 달 방문을 위해 고등어 1,000마리가 필요하다고 했다. 1월 25일 1,000마리를 처음으로 판매하였다. 한 마리당 10,000원에 판매. 매출이 일어났으니 회계 장부에 적어야겠다.

현금 10,000,000원/매출 10,000,000원

이렇게 첫 판매가 일어나고 1월 말이 되었다. 월 결산을 해 보도록 하자.

우선 재무제표 작성 시 선행이 되야 하는 작업인 총계정 원장을 만드는 것이다. 현재까지 일어났었던 거래를 다시 정리해 보면,

단위: 원

비용	간판	500,000	현금	500,000	자산
비용	냉장고	1,000,000	현금	1,000,000	자산
자산	고등어	6,000,000	현금	6,000,000	자산
자산	현금	10,000,000	매출	10,000,000	수익
		17,500,000		17,500,000	

차변(왼쪽)도 17,500,000원, 대변(오른쪽)도 17,500,000원이다.

차변과 대변 끝 쪽에 적어 놓은 항목 중 '수익/비용'을 모아 놓은 것이 손익계산서, '자산/부채/자본'을 모아 놓은 것이 대차대조표가 되겠다.

그럼 우선 손익계산서 작성을 위해 판매된 고등어 1,000마리에 대한 원가를 산정해 보자.

(기초재고금액+당기입고금액)÷(기초재고수량+당기입고수량)=단가

기말재고수량×단가=기말재고 금액

1월 초에는 아무것도 없었으므로 기초재고금액과 수량은 '0'이 된다.

단가를 계산해 보면

(0원+6,000,000원)÷(0마리+1200마리)=5,000원

(기초 재고가 없었기 때문에 1월에 매입한 단가와 동일하게 나온다.)

판매 수량은 1,000마리, 단가는 5,000원이기 때문에 원가는 5,000,000
원이 계산된다.

매출원가에 대한 결산 분개는 다음과 같다.

(비용) 매출원가 5,000,000원/고등어 1,000마리 매출원가 대체 5,000,000
원 (자산)

고등어는 자산이므로 비용으로 전환시켜 줘야 하기 때문에 이와 같은 작
업을 거치게 된다.

나머지 판매하고 남은 200마리의 고등어(1,000,000원)는 재고자산으로
남게 된다.

1월 말 기준으로 손익과 비용을 총정리하면

비용: 간판+냉장고+매출원가(고등어)=6,500,000원

수익: 고등어 1,000마리 판매=10,000,000원

앞의 내용을 종합한 손익계산서는 다음과 같다.

매출	10,000,000
매출원가	5,000,000
판매 및 관리비	1,500,000
손익	3,500,000

손익은 남은 돈이므로 대차대조표의 자산에 합산된다. 완성된 모습은 다음처럼 보인다.

비용		수익	
	6,500,000		10,000,000
		손익	3,500,000

자산		부채
현금	50,000,000	
(현금)	-7,500,000	
(현금/손익)	3,500,000	
재고자산	1,000,000	

	자본	
	자본금	50,000,000
	(비용)	-6,500,000
	(손익)	3,500,000
합계	47,000,000	47,000,000

* 괄호 부분은 이해를 돕기 위해 부가적으로 표기를 해 놓은 내용

가장 기초가 되는 주요 5계정 분류인 '자산, 자본, 부채, 수익, 비용'은 앞에 등장한 표와 같이 정리가 된다.

5계정 분류의 증가/감소의 표시는 다음과 같이 기록된다.

	차변	대변
자산	↑	↓
자본	↓	↑
부채	↓	↑
수익	↓	↑
비용	↑	↓

이 때문에 '자산+비용=자본+부채+수익'의 공식이 성립하게 된다.

손익계산서만 봐도 회사가 잘되고 있는지 아닌지를 알 수 있다고 생각할 수 있겠지만, 투자를 하려고 하는 입장이나 회계를 잘 모르

는 사람이 볼 때는 위험한 생각일 수 있다.

예를 들어 비용처리를 해야 하는 성격의 지출인데, 이를 선급금 (대차대조표 자산 계정)으로 처리를 할 경우에 이는 손익계산서에는 나타나지 않는다. 이럴 경우 자산 항목에서만 +/-가 움직이기 때문에, 손익계산서에는 비용으로 처리되지 않아 회사의 수익은 좋게 보일 수 있다. 또한 재고자산을 늘리는 방법으로 당기 비용을 줄여 원가를 낮추는 방법이 있다. 이 외에도 여러 가지 방법으로 수익을 좋게 혹은 의도적으로 나쁘게 보이도록 할 수도 있다. 이런 숨은 내용을 이해하기 위해서는 기본적인 회계의 원리를 이해해야 한다.

2) 수익성 분석(누가 누가 잘했나?)

재무관리를 더 세부적으로 하기 위해서는 수익성 분석을 해야 한다. 어느 조직이 수익을 냈는지, 어떤 제품이 수익성이 있는지 분석하여 의사결정에 반영을 해야 한다.

나긍정 사장이 판매하는 다양한 맛의 참치 캔의 예로 다시 돌아가보자.

다음은 각 유통채널별로 판매된 다양한 맛의 참치 캔의 개수이다.

구분	GS25	이마트	롯데백화점	합계
아메리카노	50개	10개	100개	160개
카라멜	30개	100개	10개	140개
모카	5개	5개	10개	20개
합계	85개	115개	120개	320개

우선 제조원가에 대한 분석이다. 제조원가는 제품별 원가를 산정하여 판매가격 대비 얼마 정도의 매출총이익을 내는지를 보여 준다.

구분	공급가	제조원가	매출총이익
아메리카노	1,000원	600원	400원
카라멜	1,500원	1,000원	500원
모카	2,000원	1,700원	300원

그런데 판매 및 관리비는 각 유통채널별로 다른 구성을 보인다고 가정하면 다음과 같이 제품별 영업이익이 산정된다.

GS25 채널

구분	공급가	제조원가	매출총이익	GS25 판관비	영업이익
아메리카노	1,000원	600원	400원	350원	50원
카라멜	1,500원	1,000원	500원	350원	150원
모카	2,000원	1,700원	300원	350원	-50원

이마트 채널

구분	공급가	제조원가	매출총이익	이마트 판관비	영업이익
아메리카노	1,000원	600원	400원	300원	100원
카라멜	1,500원	1,000원	500원	300원	200원
모카	2,000원	1,700원	300원	300원	0원

롯데백화점 채널

구분	공급가	제조 원가	매출 총이익	롯데 판관비	영업 이익
아메리카노	1,000원	600원	400원	400원	0원
카라멜	1,500원	1,000원	500원	400원	100원
모카	2,000원	1,700원	300원	400원	-100원

제품별 매출총이익은 카라멜맛 참치 캔이, 유통경로별 제품 단위 수익성은 이마트 채널이 가장 좋다고 나왔다. GS25, 롯데백화점 채널의 모카맛 참치 캔은 팔아도 수익이 안 나는 것으로 분석이 되어 그 유통채널에서 제품을 뺄지, 아니면 제조원가를 낮추거나 판관비 부분에서 절감할 수 있는 부분이 있는지 확인하여 의사결정을 하게 된다.

제품별 영업이익에 수량이 감안되면 각 채널별 전체 영업이익이 산정된다.

GS25 채널

구분	제품별 영업이익	판매수량	채널 총 영업이익
아메리카노	50원	50개	2,500원
카라멜	150원	30개	4,500원
모카	-50원	5개	-250원
합계			6,750원

이마트 채널

구분	제품별 영업이익	판매수량	채널 총 영업이익
아메리카노	100원	10개	1,000원
카라멜	200원	100개	20,000원
모카	0원	5개	0원
합계			21,000원

롯데백화점 채널

구분	제품별 영업이익	판매수량	채널 총 영업이익
아메리카노	0원	100개	0원
카라멜	100원	10개	1,000원
모카	-100원	10개	-1,000원
합계			0원

수량이 감안된 총 영업이익은 이마트 채널이 가장 좋은 것으로 나타났다.

이런 분석을 하기 위해서는 기본적으로 회계계정의 분류와 물류에서의 수량 이동 처리가 명확하게 이루어져야 한다. 앞서 말했다시피 이렇게 숫자가 명확히 보여야 의사결정이 가능해진다. 현재 상황에서 어떤 전략을 사용할지 숫자를 보고 선택을 한다.

3) 자금 운영
(이익은 나는데 왜 망할까? - 흑자부도)

회계는 매출/비용의 발생 시점에서 기록이 되지만 자금은 시차를 두고 유입/유출이 발생한다. 나긍정 사장의 예로 다시 돌아가 보자.

[자금난에 빠진 The Tuna Store]

나긍정 사장은 참치 캔 생산을 위해 가다랑어, 캔, 면실유를 1월에 구매했다. 구매금액은 1천만 원이었고 익월에 대금 결제를 해 주기로 하였다. 원부재료가 생산창고에 들어오기까지는 약 2개월이 소요되어 3월 말경에 생산을 시작할 수 있었다. 다행히 생산이 마무리된 4월 초에 만개의 제품 중 80%가 바로 판매가 되었고, 나머지 20%는 판매되지 않고 그대로 창고에 남았다. 80%에 대한 판매 대금 1천 2백만 원은 2개월 뒤 대금 지급 조건으로 계약이 되었다. 6월 초가 돼야 판매금액을 입금 받을 수 있다.

앞의 예를 다시 정리하자면 다음과 같다.

구분	회계		자금	
	비용	수익	유출	유입
1월	10,000,000원			
2월			10,000,000원	
3월				
4월		12,000,000원		
5월				
6월				12,000,000원
합계	10,000,000원	12,000,000원	10,000,000원	12,000,000원

회계상 비용의 기표는 1월, 매출의 기표는 4월이다. 하지만 자금의 유입과 유출은 2월, 6월에 각각 발생하였다. 만약 나긍정 사장이 여유자금으로 1천만 원 정도가 없었다면 판매하기 위한 원부재료의 구매를 하지 못했을 것이다. 게다가 매출에 대한 자금 유입도 약 2개월 가량의 시차가 있다. 자금으로 보자면 제품 판매를 위해 5개월 가량을 견딜 수 있어야 자금 회수가 된다. 또한 나머지 20%에 대한 재고는 아직 판매가 되지 않은 상태로 남아 있다. 이는 재고자산으로 남아 있게 되며, 자금이 묶여 있는 원인이 된다.

자금계획은 다음과 같이 월별 유입/유출을 정리하여 관리하게 된다.

구분		10월	11월	12월	합계
유입 (매출)	업체A	200,000원		100,000원	300,000원
	업체B	300,000원	50,000원		350,000원
	업체C		100,000원		100,000원
	합계	500,000원	150,000원	100,000원	750,000원
유출 (비용)	업체E	150,000원		50,000원	200,000원
	업체F	100,000원	200,000원	50,000원	350,000원
	업체G		50,000원	50,000원	100,000원
	합계	250,000원	250,000원	150,000원	650,000원
차이		250,000원	-100,000원	-50,000원	100,000원

상기와 같은 운영자금 외 고정비로 나가는 직원의 급여, 수도광열비, 지급수수료, 제세공과금 등을 지출 내역에 포함시키게 되면 자금 계획에 대한 수립이 완성된다.

수익은 나고 있는데 현금이 없다면, 재무제표와 자금 유출입을 동시에 분석해 보자. 어디에 돈이 묶여 있는지 답을 낼 수 있다.

그 외 자금계획이 필요한 이유 중 하나는 투자계획을 세우기 위함이다. 자금이 얼마나 여유가 있는지 알아야 장기적인 관점에서 자금 계획을 세울 수 있기 때문이다.

4) 예산제도
(예측 가능한 범주의 회사 운영)

예산제도는 사업계획 시 각 부서별로 내년에 사용할 비용에 대해 산정을 하여, 실제 이익이 얼마나 발생할지 예상하여 예측 가능한 경영을 하기 위함이다. 예산제도를 통해 각 부서별 비용 통제가 가능하고, 추가 예산을 관리함으로써 비용을 억제할 수 있다. 통상적으로 예산관리는 기획부서에서 한다.

예산을 기초로 연간 자금계획도 세우게 된다. 언제 비용이 사용되는지 예산계획을 기초로 매출채권 회수일과 매입채무의 집행을 기준으로 자금의 유입과 유출을 정리한다. 예산을 집계할 때는 회계계정을 기준으로 작성을 하게 한다.

참고로 예산제도라는 개념을 처음 도입한 회사는 컨설팅 회사로 잘 알려진 맥킨지(MCKINSEY)이다. 내년에 쓸 예산에 대해 사전에 정리하여 차이가 나는 부분을 관리하는 획기적인 경영방법론을 만들었다. 그런데 대부분의 회사들이 연간 비슷한 예산을 사용하기 때문에 전년대비 약간씩 예산을 올려 잡는 형태로 운영을 해 오고 있는데, 이럴 경우 지금은 필요하지 않는 예산까지도 잡히게 될 수도 있다. 그래서 요즘은 영기준예산제도(ZBB, ZERO BASED BUD-GETING)를 활용한다. 영기준예산제도란 모든 비용에 대해 '0'부터 다시 검토한다는 뜻이다. 불필요한 비용을 예산으로 잡지 않겠다는 뜻이다.

회사뿐만 아니라 정부 예산심의 때도 영기준예산제도를 도입할 필요가 있겠다. 우리의 소중한 세금을 엉뚱한 데 쓰는 일이 없도록 말이다.

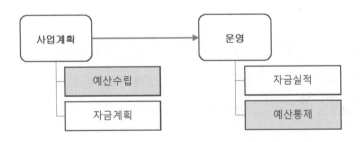

잡담7: 비용? 투자?

회사에서 자금계획을 통해 현금수지 예측을 하고 관리된다면, 개인은 가계부를 통해 현금수지(???: 월급은 스쳐 지나가는 것 아닌가요?!)를 관리하게 된다. 가계부를 쓰다 보면 예상치 못한 곳으로의 지출이 많이 생긴다. 수입이야 월급쟁이 회사원으로 특이하게 더 받을 수 있는 것이라고는 보너스밖에 없기 때문에, 대부분의 관리는 비용으로 초점이 맞춰져 있다. 내가 번 돈이 어떤 용도로 사용되었는지 카테고리화해서 보면 필요하지 않은 데 지출된 돈을 알 수 있다.

회사와 마찬가지로 개인의 지출도 미래의 관점으로 볼 필요가 있다. 비용으로 쓰이는 돈 외에 나의 가치를 올릴 수 있는 투자가 얼마나 이루어지고 있는지를 알아야 한다. 자신의 부가가치를 올려야 결과적으로는 수입이 올라가는 선순환으로 이어질 수 있다.

워렌 버핏은 가장 좋은 투자는 자신의 성장에 투자하는 것이라고 말했다. 자신에게 쓰는 돈을 비용이라고만 생각하지 말고, 좀 더 나은 모습으로 변화할 수 있는 투자라고 생각해 보자.

잡담8: 스콧과 아문센의 남극 정복 방법

1911년 비슷한 시기에 남극 정복에 나선 두 사람이 있다. 로알 아문센(Roald Amundsen)과 로버트 스콧(Robert Falcon Scott)이다. 둘의 차이는 한 명은 남극점을 정복한 후 무사히 돌아온 것이고, 다른 한 명은 남극에 도달하였으나 모든 대원이 돌아오지 못했다는 것이다.

왜 한 명은 무사히 돌아오고 다른 한 명은 돌아오지 못하고 전 대원이 추위에 죽을 수밖에 없었나?

결정적인 차이를 만들어 낸 두 가지 요인은 다음과 같다.

바로 '준비와 원칙'이다. 남극 탐험을 가기 전 준비부터 아문센과 스콧은 다른 행동을 보여 주었다.

아문센은 스페인과 노르웨이에 이르는 거리를 자전거로 완주하면 체력을 키웠다. 그리고 에스키모와 함께 생활을 하면서 개 썰매 타는 법, 추위에 오래 노출되었을 때 대응방법 등 혹한에 적응할 수 있는 훈련을 지속적으로 하였다.

그에 비해 스콧은 이동수단으로 조랑말과 검증이 완료되지 않은 모터 썰매를 준비하였다. 조랑말이 혹한에 맞는지 안 맞는지, 모터 썰매의 내구성이 얼마나 갈지는 고려하지 않았던 것 같다.

남극 탐험에 들어갔을 때 준비가 잘되어 있던 아문센은 이동에 있어 문제없이 나아갈 수 있었으나, 스콧은 초기부터 조랑말이 죽고, 모터 썰매는 고장이 나며 어려움을 겪었다.

남극에 도착하여 이동을 할 때도 이 둘은 서로 다른 운영을 보였다. 아문센은 날씨가 좋은 날이든 나쁜 날이든 상관없이 20마일을 가도록 내부 원칙을 정했다. 이 원칙으로 대원들은 맑은 날은 빨리 가서 쉴 수 있다는 기대감을, 궂은 날은 어떻게든 20마일을 가야 한다는 적극적인 마음을 갖게 되었다.

이에 비해 스콧은 날씨가 좋을 때는 갈 수 있는 만큼 더 많이, 날씨가 안 좋을 때는 적당히 가도록 내부 원칙을 세웠다. 그러다 보니 대원들은 맑은 날씨보다 궂은 날씨를 더 좋아하는 이상한 기류가 생기게 되었다.

결국 준비가 잘되어 있고, 대원들이 적극적으로 행동할 수 있도록 원칙을 세웠던 아문센이 남극을 정복하고 무사히 돌아올 수 있었고, 스콧은 남극에서 결국 돌아오지 못하였다.

우리가 어떤 일을 하던 준비를 철저히 하고 행함에 있어 원칙을 잘 세워 둔다면 멀리 있는 꿈이나 목표에 어느 순간 도달해 있을 것이다.

제5장

ERP 시스템의 구조

회사의 모든 정보는 나를 통한다!

물류에서부터 회계까지의 정보를 담는 그릇이 바로 ERP(Enterprise Resources Planning)이다. ERP를 개발한 회사로는 독일의 SAP, 미국의 ORACEL, MICROSOFT, 국내의 영림원 등이 있다. 이들은 단순 회계 기표의 목적이 아닌 물류 정보까지 담고 있다. 기본적인 사상은 재물(돈과 물건)의 일치다. 매출이 일어나면 완제품 재고가 감소하고, 매출과 매출채권이 기록된다. 반대로 원재료 구매 시 재고자산이 증가하고 비용과 매입채무가 기록된다. 자재가 생산라인에 투입되면 원부자재 재고가 감소하고, 재고자산에서 재공품으로 자산구분이 변경된다. 제품 생산이 끝나면 완제품 재고가 생긴다. 이런 일련의 과정을 관리할 수 있도록 백 스테이지에서 묵묵히 지원해 주는 시스템이 바로 ERP다.

국내 대기업군에서 가장 많이 사용하는 SAP는 재물의 정합성에서 가장 완벽한 숫자를 보여 준다는 평가가 있다. 투자 회사에서도 ERP 중 SAP를 사용하는 업체를 선호한다. 분식회계가 불가능한 구조라 투명한 회계정보를 제공한다고 여기기 때문이다.

지금부터 ERP가 어떻게 정보를 관리하는지 대표 모듈별로 살펴보겠다.

1) 모듈의 구성

기본 모듈이라 하면 '판매, 구매, 생산, 회계, 원가'를 말한다. 각 영역을 관통하는 정보가 기준정보이다. 기준정보가 정확하게 잘 수립이 되어 있다면 물류나 회계의 흐름이 매끄럽게 진행이 되지만, 기준정보가 잘 수립되어 있지 않다면 정보가 왜곡되거나 꼬이게 된다. 기준정보로서 관리되는 항목은 거래처, 제품계층구조, 유통구조, 공정, 자재코드, 원가관리항목 등이 있다.

그리고 기준정보와 더불어 조직구분이 잘되어 있어야 한다. 판매조직, 구매조직, 실적분석 조직 단위 등 조직구분에 따라 원가에서 분석할 수 있는 범위가 달라진다.

전체 프로세스는 다음 페이지의 도식과 같다. 보다시피 전체 영역은 유기적으로 연결이 되어 있다.

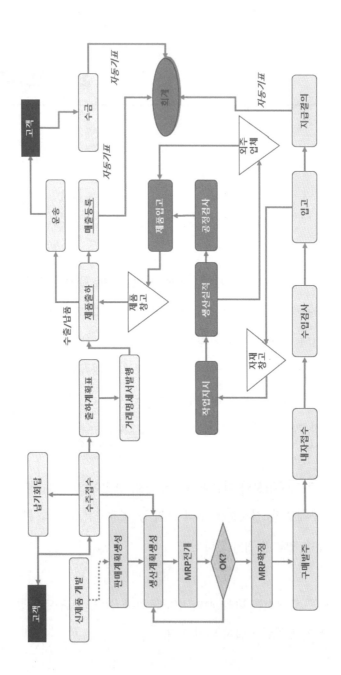

2) CODE와 기준정보 (Master Information)

ERP에서 기초가 되는 최소 단위는 바로 CODE이다. 그리고 이 CODE는 우리가 입력하는 기준정보를 구분하는 구분자가 된다. 가장 중요하기 때문에 ERP를 설명하면서 반복적으로 언급이 될 예정이다.

그럼 이 중요한 CODE를 좀 더 구체적으로 알아보자. The Tuna Company에서 판매했던 생선이 고등어, 오징어, 삼치라고 했을 때 판매제품에 대한 제품 CODE를 고등어-101, 오징어-102, 삼치-103과 같이 부여를 한다. 그리고 판매처가 GS25, 이마트, 롯데백화점이라고 했다면 이 또한 GS25-A01, 이마트-A02, 롯데백화점-A03과 같이 부여했다고 하자.

이렇게 구분된 제품 CODE는 제품 기준정보, 판매처 CODE는 유통 기준정보가 된다. 이 정보가 매출이 발생하면 궁극적으로는 회계 정보까지 이어지게 되기 때문에 기준정보의 초기 수립이 ERP에서는 가장 중요한 일 중에 하나라고 봐도 무방하다.

이제 각 모듈별로 관리하는 항목들에 대해서 알아보도록 하자.

3) Sales and Distribution Module(SD)

판매와 유통에서는 우리가 물건을 판매하고 수금하기까지의 영역을 말한다. 이를 ERP에서 관리하기 위해서는 다음과 같은 기준정보가 필요하다.

판매를 하기 위한 제품코드, 어떤 유통채널로 판매가 되었는지에 대한 유통코드, 어느 영업조직에서 판매가 되었는지에 대한 영업조직코드, 그리고 판매가 된 판매처 코드와 판매금액이 입금될 은행코드가 기본적으로 필요하다.

코드는 다음과 같은 구조로 부여가 된다.

제품군		제품		유통채널	
내역	CODE	내역	CODE	내역	CODE
신선품	10	고등어	101	내수	01
가공품	20	오징어	102	수출	02
		참치 캔	201		

영업조직		판매처		은행	
내역	CODE	내역	CODE	내역	CODE
원피스팀	10001	GS25	210001	카카오	M01
미생팀	10002	이마트	210002	파인애플	M02
달마과장팀	10003	롯데백화점	210003	망고	M03

이 외에 주문이 들어오면 주문관리를 위한 코드를 앞의 것과는 별
도로 관리를 하게 된다.

예를 들어 The Tuna Company에서 고등어 100개를 내수 판매처
GS25에 달마과장팀이 판매했다고 하면 ERP에는 다음과 같은 정보
가 생성된다.

201901220001(주문코드), 10/101(신선품/고등어) 100개,
01/210001(내수/GS25), 10003(달마과장팀)

판매는 회계상 매출채권(Account Receivable)과 연결되어 있다.
판매하고 받을 돈이다. 고등어 100개에 십만 원이라고 한다면 거래

가 일어나면서 다음과 같은 처리가 발생한다.

매출채권 100,000원/수익 100,000원

그리고 GS25에서의 수금은 카카오은행을 통해 이루어진다면 최종적으로 회계까지 전달되는 매출채권/수익에 포함되는 정보는 다음과 같다.

201901220001(주문코드), 10/101(신선품/고등어) 100개, 01/210001(내수/GS25), 10003(달마과장팀), M01(카카오)

사실 회계처리로만 보면 유통경로나 영업부서 정보는 필수적으로 필요한 사항은 아니다. 하지만 원가분석을 위해서는 이러한 세부 정보가 앞 단계에서부터 관리가 되어야 마지막에 다각도로 분석이 가능해진다.

생성된 매출채권에서도 채권에 대한 고유 CODE가 생성된다. 그래서 GS25에서 100,000원이 입금되면 해당 CODE의 매출채권과 현금을 상계처리 하면 실제 ERP상 행위는 끝나게 된다. 매출채권에는 채권 발생일을 기준으로 얼마나 지났는지 Aging관리를 하여 장기 미수채권이 생기지 않게 관리하게 된다.

4) Material Management Module(MM)

자재관리 모듈에서는 자재의 구매, 이동, 저장에 대한 관리를 하게 된다. 주요 관리 항목으로는 Material Master, 저장위치, 이동유형이 있다.

Material Master는 말 그대로 다루고 있는 자재의 기준정보이다. 원자재, 부자재, 완제품 등 움직이는 모든 물건에 대해 자재코드가 부여된다.

저장위치는 이런 자재들이 저장되는 위치다. 본사의 저장창고는 1000번, 공장의 생산창고는 2000번 이런 식으로 부여가 된다.

마지막으로 이동유형이다. 이동 중은 100, 입고는 101, 창고 이동은 201, 생산공장 출고는 301 등으로 각각의 이동에 대한 유형도 코드로 정의한다.

앞서 GS25에서 고등어 100마리의 주문이 들어왔을 때 회사의 구매부서에서는 고등어를 필리핀에 있는 A업체에서 주문했다고 가정해 보자. 한국에 있는 창고까지는 약 한 달 간의 시간이 필요하다고 할 경우 구매가 완료되었다 하더라도 아직 받지 못한 상태이다.

코드는 다음과 같이 부여된다.
201901220001(주문코드), 100(이동중), 10/101(신선품/고등어) 100개, A0001(업체A)
구매 단가는 500원이라고 할 경우, 아직 도착하지 않은 자재에 대한 처리는 다음과 같이 된다.
미착품 50,000/매입채무 50,000

한국에 있는 본사 창고에 도착했을 경우, 창고 입고를 시키게 된다.

201901220001(주문코드), 101(입고), 1000(본사창고), 10/101(신선품/고등어) 100개, A0001(업체A)

이에 따른 회계 처리는 다음과 같이 된다.
재고자산 50,000원/미착품 50,000원

본사 창고에서 공장 창고로 이동을 시키고 이를 포장생산라인으로 투입했을 경우 다음의 코드가 붙게 된다.

201901220001(주문코드), 301(입고), 2000(생산창고), 10/101(신선품/고등어) 100개, A0001(업체A)

이에 따른 회계처리는 다음과 같이 된다.
재공품 50,000원/재고자산 50,000원

이동유형과 저장위치의 조합에 따라 회계처리도 '미착품 - 재고자산 - 재공품'으로 변동하게 된다.

프로세스의 마지막은 재공품이 완제품 처리가 되면서 다시 재고자산으로 편입이 된다.

MM 모듈에서 사용하는 큰 범주 중 하나는 바로 수불이다. 자재의 단가가 항상 같지 않기 때문에 구매시기별로 단가가 달라지게 된다.

각 행위별로 따라다니는 코드와 더불어 함께 관리되는 필수 항목들이 있다. '거래일, 구매수량, 구매단가'이다.

일자	품목	수량	단가	금액	비고
2019-01-01	고등어	100개	500원	50,000원	입고
2019-01-20	고등어	-80 개	500 원	-40,000원	출고
2019-02-28	고등어	50개	600원	30,000원	입고
2019-03-02	고등어	-20개	500원	-10,000원	출고
2019-03-02	고등어	-50개	600원	-30,000원	출고
2019-03-15	고등어	150개	480원	72,000원	입고
합계		150개	480원	72,000원	

이 기록에 따라 남겨진 기말 재고에 대한 평가가 이루어진다. 공식은 수량/금액 동일하게 다음의 식에 대입하면 된다.

'기초재고+당기입고-당기출고=기말재고'

이 외에 MRP(Material Requirement Planning)에 대한 산정 또한 MM 모듈에서 진행된다. 제품 SKU에 대한 BOM(Bill of Material)의 정보인데, 제품을 만들기 위한 원부자재 소요량이라고 생각하면 되겠다.

앞서 구매업무에서 보았던 참치 캔을 다시 보자.

참치 캔 1개 소요량

가다랑어 100그램

첨가물 10그램

캔 1개(뚜껑 포함)

면실유 5밀리리터

참치를 알면

갓뚜기 참치

8사단 인기상품!

100개를 만든다고 했을 때 각 자재에 대한 전체 소요량은 다음과 같다.

구분	단위	수량	소요량
가다랑어	그램	100	10,000
첨가물	그램	10	1,000
캔(원형)	개	1	100
캔(뚜껑)	개	1	100
면실유	밀리리터	5	500

이렇게 산정된 전체 소요량을 기준으로 발주처리를 하게 된다. 만약 동일한 자재가 다른 제품(SKU)에서도 사용이 된다면 그 자재의 소요량도 함께 묶어 발주를 낼 수 있게 ERP에서 묶어 준다.

자재 발주 정보에도 SD 모듈에서 가지고 있는 수주정보를 포함하고 있다. GS25에서 얼마를 구매하겠다는 완제품의 판매정보를 기준으로 자재 소요량이 산정이 되고, 이를 기준으로 발주가 나가게 된다. 이 정보는 다음에 볼 생산 모듈로 연결된다.

5) Production Planning Module(PP)

PP 모듈은 의미 그대로 물건을 생산하고, 관리하는 프로세스를 담고 있다. PP모듈은 전체 구조에서 Plant를 담당한다. 계층을 보자면 Clinet(모회사) - Company(종속법인) - Plant(공장) - Storage Location(저장위치) 순이다.

이해를 돕기 위해 다시 참치 횟집을 운영한다고 가정을 하고 PP 모듈을 보자.

식자재가 도착하여 식자재 창고에 보관하고 있다. 그런데 사장은 복층 구조의 가게를 운영하고 있어 1층과 2층에 각각 주방을 갖고 있었다. (PP 모듈에서는 한 회사에 종속 된 생산공장을 PLANT라고 하며, 정보를 연결하는 기준이 된다.)

1층에서는 바로바로 오는 손님을 대응하여 주문을 받는 방식으로 운영이 되고(MTO, Make To Order) 2층에서는 예약 주문제로, 미리 해동한 참치를 판매하는 방식으로 운영을 한다. (MTS, Make To Stock)

그래서 판매하는 메뉴도 다른데, 1층은 바로바로 조리가 가능한 알탕(SKU)이나 회덮밥을 판매하고, 2층은 해동이 필요한 참치회를 판매한다.

알탕은 냉장 알, 파, 마늘, 고추장이 들어가고(BOM, Bill of Material), 참치회는 참치 원어, 간장, 무순이 필요하다.

우선 알탕은 파, 마늘을 주방에서(Work center1) 썰어 물에 넣고, 냄비를 조리실(Work center2)로 옮겨 물을 100도까지 끓인 다음 냉장된 알과 고추장을 넣고 10분간 끓인다. (제품을 만드는 공정을 Routing이라고 한다.)

그런데 까다로운 단골 손님인 이춘복 씨는 알탕을 푹 끓이는 것이 맛을 저해한다고 5분만 끓여서 달라고 요청하였고, 오늘부터 적용하기로 했다. (Production version)

음식이 완성되어 손님께 나가면 PP모듈의 역할은 끝나고, SD모듈로 다시 연결이 된다.

PP 모듈에서는 다음과 같은 정보가 취합이 된다.

- 자재 Material Master (SKU): 생산하려는 제품
- 공정 Routing: 제품이 만들어지는 경로
- 자재 소요량 Bill of Material: 제품에 들어가는 원부자재 정보
- 작업장 Work Center: 공정의 경로 중간중간 위치한 부분 작업장
- 생산버전 Product Version: 같은 SKU 중 앞의 요소 일부가 변한 경우

SD모듈에서 제품의 판매 가격이 결정된다면, MM과 PP모듈은 제품의 원가를 구성하는 요소이다. 회계적으로 보게 되면 '매출-제조원가'가 이 세 모듈에서 결정이 된다.

- SD: 매출
- MM: 자재비, 물류비
- PP: 노무비, 감가상각비, 기타 비용

SCM 영역은 각각 행위마다 회계 계정으로 연결이 되어 있다. 그

래서 물류 마감 처리만 깔끔하게 해 준다면 회계 부서에서는 결산을 그나마 수월하게 진행할 수 있다. (그러나 현실은 마감이 쉽지 않다는 불편한 진실)

6) Financial Module(FI)

앞에서 보다시피 대부분의 ERP는 물류의 흐름과 연계하여 회계 처리가 된다. FI 모듈에서 중요한 것은 초기에 SD, MM, PP와 회계 계정을 잘 연결되도록 관계를 잘 설정해 놓는 것이다. 이 부분만 잘 설정이 되어 있어도 FI 모듈은 큰 문제없이 흘러갈 수 있다.

- SD: 매출 / 매출채권
- MM: 비용(자산취득, 원부재료, 임가공) / 매입채무
- PP: 비용(노무, 제조간접비) / 현금

여기에 판매 및 관리비에 대한 비용이 포함되면 영업이익이 나오기까지의 모든 항목이 포함되게 된다.

이와 더불어 회사의 취득 자산에 대한 정보도 회계 정보로 기록이

된다. 가장 대표적인 유형자산(토지, 건물, 기계장치 등)은 자산으로 기록된 후 감가상각비용으로 매년 비용처리를 하게 된다.

이러한 원칙으로 각 계정(자산, 부채, 자본, 수익, 비용)이 정리되어 있다. COA(회계계정과목)을 회사 레벨에서 정리하고, 물류의 각각의 행위마다 계정을 정해 놓으면 ERP에서는 자동적으로 숫자가 기록된다.

7) Controlling Module(CO)

마지막은 다면분석을 제공하는 CO 모듈이다. 앞서 SD 모듈에서 제품, 제품군, 유통채널, 부서구분 등 다양한 기준정보를 후행하는 모듈까지 가지고 가는 이유가 여기 있다. 해당 기준을 가지고 제품 개별 손익, 제품군별 손익, 부서별 손익 등 다양한 손익을 뽑게 된다.

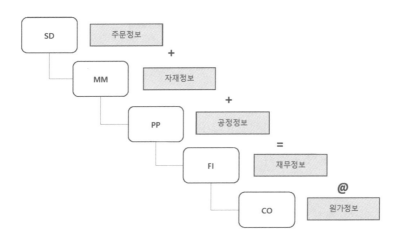

SD모듈에서 CO모듈까지 정보가 오는 DATA 흐름을 예를 들어 알아보도록 하자.

에르메스 핸드백과 지갑을 팔았다고 가정하자. 핸드백(SKU)의 자재번호를 A라고 하였고, Division은 핸드백, 제품계층구조(Product hierarchy)는 Shopper라고 하자. 마찬가지로 지갑의 자재번호를 B라고 하고, Disivion은 지갑, 제품계층구조는 Zip around 라고 지정하였다.

'H사의 핸드백은 런던 경매에서 2억에 판매되었습니다.'

A를 만들기 위한 자재소요량(BOM)이 산정되고, B를 만들기 위한 자재소요량이 각각 산정된다. 처음 SD모듈에서 언급했던 Sales Order는 SKU의 정보를 가지고 있고, 자재소요량에는 이 Sales Oder의 정보를 가지고 가기 때문에 MM에서 발주되는 정보에는

SKU, Division, 제품계층구조를 함께 가지고 있다.

SD(SKU, Division, Product hierarchy)+MM(BOM)

자재가 입고된 다음에는 PP모듈에서 생산진행이 된다.

PP모듈에서는 Production Order를 만들게 되는데 이곳에는 SKU에 대한 BOM과 Routing 정보가 입력된다. 에르메스 핸드백을 만들기 위한 가죽이 10평(BOM)이고, 공정은 재단, 부착, 조립, 포장(Routing)의 순서로 진행이 된다는 정보이다. ROUTING에 포함되는 정보는 가공비, 기계 가동률, 감가상각비 등의 정보이다.

SD(SKU, Division, Product Hierarchy, Sales Order)+MM(BOM)+PP(Routing, Production Order)

간단하게 보자면 앞의 정보가 제조원가 부분에 해당한다.

회계상 '매출액-제조원가=매출총이익'까지를 산정한다.

제조원가가 마무리된 다음에는 판매 및 관리비의 배부 부분이다.

실제 제품이 만들어지는 부분과 상관없는 판매 관리 인력, 전기세, 광고비 등이 해당된다. 이는 정확하게 제품별로 귀속시키기 어렵기 때문에 합리적인 배부기준을 설정하게 된다.

SD(SKU, Division, Product hierarchy, Sales Order)+MM(BOM)+
PP(Routing, Production Order)+FI(판관비 Feat. CO)

FI 모듈과 마찬가지로 기본정보만 잘 설정되어 있다면 큰 문제가 없겠지만, CO에서는 간접비 배부에 대한 설정이 항상 문제가 된다. 제조경비 중 전기료나 수도광열비 등 직접경비로 사용하지 않는 경비에 대해서는 배부기준을 사용하게 되어 있다. 또한 판매 및 관리비에서도 마찬가지로 배부를 해야 하는 공통비가 존재하기 마련인데 이를 잘못 배부하게 되면 제품이나 사업부의 실적이 달라지게 된다.

다음과 같이 영업부별 구분손익을 뽑는다고 했을 때 매출원가 구성항목의 간접비를 매출액이 가장 큰 영업A에게 배부했다고 하자. 그리고 연말 평가 시에는 영업C가 이익률이 제일 좋았다고 포상했을 경우를 생각해 보면 상황 파악이 편할 것 같다.

	영업A	영업B	영업C	합계
매출액	10,000원	2,000원	1,000원	13,000원
매출원가	9,500원	1,800원	400원	11,700원
원재료	4,000원	800원	200원	5,000원
부재료	3,000원	700원	100원	3,800원
노무비	1,500원	300원	100원	1,900원
간접비	1,000원			1,000원
매출총이익	500원	200원	600원	1,300원

이와 같이 간접비 분배가 됐을 경우 영업A는 불만을 가지게 된다. 간접비에 대한 비용이 전부 자신에게 배부되어 매출총이익이 상대적으로 낮게 평가되기 때문이다.

업종에 따라 그리고 부서가 판매하는 제품의 형태에 따라 간접비나 판관비 중 배부가 필요한 비용의 구분에 차이가 있다.

만약 회사의 원가 담당자라면 ERP의 배부 로직이 구성되어 있는지를 정기적으로 점검해 볼 필요가 있다.

8) BI, MIS
주요 기업들의 의사결정 도구

최근에는 경영진에서 필요한 정보만을 데이터 베이스에서 바로 추출하여 도식화하여 보여 주는 프로그램들이 각광을 받고 있다. 전제조건은 ERP의 구조와 사용자 적응도가 상당히 올라가 있어야 한다. 각 단계에서 실시간으로 정보가 입력되어야 하고, 올바른 것이어야 한다.

Business Intelligence 그리고 Management Information System 이라고 불리는 이러한 프로그램들은 경영진에서 의사결정을 위해 필요한 인원, 생산성, 재고, 판매량, 종합 재무정보 등 다양한 관점에서의 정보를 보기 쉬운 형태의 보고서로 제공해 준다. 판매의 계획대비 실적, 전년대비 금년 실적 비교, 생산진척도, 생산차수별 자재구매/입고 현황, 손익비교 등 물류 현황뿐만 아니라 재무적인 수치까지 모든 영역의 정보를 다룬다.

단, 기본 데이터가 실시간으로 입력되어야 한다는 전제가 있어야 이 시스템이 빛을 볼 수 있다. 실무자가 끊임없이 데이터를 전산에 넣어 줘야 하고, 정확한 데이터(Garbage In, Garbage Out)여야 한다.

잡담9: ERP 시스템 구축 PM의 애로사항

ERP 구축은 회사 업무를 보다 효율적이고 신속·정확하게 처리하기 위하여 반드시 필요한 도구이지만, 구축하는 과정과 작업은 생각보다 훨씬 복잡하고 어렵다.

ERP를 효과적으로 구축하기 위해서는 경영진과 실무진 모두가 그 필요성과 취지를 분명히 인식하고, 시스템 구축에 따른 전 과정에 걸쳐 적극적으로 동참하고 협력해 나가는 것이 무엇보다 중요하다.

구축 비용만 지불하면 수행 업체에서 모든 걸 알아서 다 구축하게 된다는 안일한 생각을 해서는 안 된다. 구축을 수행하는 업체의 직원들은 전산 전문가일 뿐이므로 이들이 그 회사의 각 부서에서 처리되고 있는 업무 내용이나 처리과정을 깊이 있게 이해하리라고 기대할 수는 없다. 또한 각 부서에서 요구하는 세세한 사항을 수렴하고 취합하여 이를 어떻게 시스템에 반영시켜 나가느냐 하는 문제는 근본적으로 회사에서 판단해야 할 몫이기 때문이다.

그렇다면 ERP 시스템을 구축하는 과정에서 부딪치게 되는 문제점과 애로사항은 어떤 것이 있을까?

첫 번째 겪게 되는 난관은 부서별 담당자 지정을 기피하려는 회사 분위기다.

부서별 업무를 전산시스템에 차질없이 반영하기 위해서는 부서의 업무내용과 전산시스템에 대한 이해도가 높은 직원을 시스템 구축 지원 담당자로 지정해야 한다. 그리고 총괄 담당자로 하여금 이들 부서별 담당자들과 수시로 협의하고 토론하면서 미비점을 보완해 나가도록 업무 추진 체계를 구축하는 것이 대단히 중요하다. 그러나 일부 경영진이나 부서장들은 담당자 지정에 대한 이해가 부족하거나 또는 바쁘다는 핑계로 이를 경시하는 경향이 있어 시스템 구축에 장애 요소가 된다.

두 번째 문제점은 부서간 업무 조율이다. 고도화된 ERP일수록 가능한 한 많은 정보를 전산시스템에 담아야 하므로 새로운 업무가 발생하거나 업무 영역이 애매한 경우, 이를 어떻게 프로세스에 추가하며, 누가 처리할지에 대한 다툼이 생긴다. 이때 직급이 낮은 사람이 PM을 하고 있다면 이를 조정하고 해결하기란 매우 어려운 문제이다.

세 번째 애로사항은 커뮤니케이션이다. 이해력이 떨어지는 사람이 프로젝트 요원으로 배치되는 경우 반복되는 설명에도 불구하고 잘못된 자기 주장만 고집하게 됨으로써 업무 추진이 늦어지거나 난감한 상황이 적지 않게 발생한다.

만약 시스템 구축을 위한 기회가 여러분들에게 주어진다면 적극적으로 참여하라고 권유하고 싶다. 구축 과정은 힘들겠지만, 온전히 구축하고 나면 회사 전반에 대한 업무 내용과 흐름을 조금은 유기적으로 알 수 있기 때문이다.

제6장

조직
관리

'열 길 물 속은 알아도 한 길 사람 속은 모른다.'는 말이 있듯 조직관리도 정답은 없는 것 같다. 조직관리를 위해 상기시켜야 할 부분과 필요한 부분에 대해 마지막으로 간략히 이야기해 보고자 한다.

1) 사원부터 임원까지 고충사항

1-1) 팀원의 고충

맨 처음 회사를 입사하게 되면 새로운 사람들과 생소한 업무들로 하루를 가득 채우게 된다. 그중에서도 신입사원이라면 일을 알려 주는 사수의 영향을 가장 많이 받게 되고, 어떤 사수를 만나느냐에 따라 기나긴 직장생활의 정체성의 방향이 결정된다. 물론 중간중간 상황에 따라 스스로의 개성에 맞도록 변형이 되기도 하지만, 대부분은 상위 직급으로 올라간 후 전임사수와 비슷한 행동양상을 보인다.

팀원의 고충은 일단 일을 모른다는 것이다. 친절한 사수를 만난다면 A~Z까지 친절한 설명을 들으며 업무를 시작할 수 있겠지만 그 반대의 경우라면 일을 하는 데 있어 어려움을 겪게 된다. 매뉴얼이 아무리 잘되어 있다 할지라도 누가 위에서 잘 알려 주냐 아니냐에 따라 업무의 적응 속도가 달라진다.

일단 적응이 좀 되고 나면 일이 눈에 들어오게 된다. 이 때부터 생기는 고충은 나한테만 일이 몰린다는 생각이 드는 것이다. 분명 옆에 앉아 있는 다른 팀원은 일찍 퇴근하는데, 나만 늦게 퇴근하는 일이 반복된다. 도대체 팀장은 왜 일 배분을 이렇게 하는지에 대한 불만이 쌓이게 된다. 특히 일을 잘하는 사람이라면 이런 경험은 필수불가결하다.

마지막으로 어려운 점은 회사의 문화이다. 일단 입사는 했는데 군대식의 문화나, 폭음을 하는 회식 문화를 가진 회사라면 밀레니얼 세대들의 적응이 어렵다. 원리원칙과 개인의 생활을 우선적으로 생각하는 세대들이 기성세대들의 집단의 문화와 잘 맞지 않는 부분이 생길 수 있다. 이는 개인별 편차가 있기 때문에 회사의 문화가 나와 잘 안 맞는다면 빨리 다른 곳을 찾아 보는 것도 방법이다. 분명 나와 (어느 정도) 맞는 직장은 존재한다.

1-2) 중간관리자의 고충

업무를 배우고, 몇 년이 지나면 조직에서 중간관리자 내지는 팀장의 위치에 올라가게 된다. 팀장이 될 정도면 업무적인 성과와 회사의 문화에 잘 녹아들어, 나름대로는 회사에서 인정받는 사람이 됐다는 의미이다.

그러나 이 시기는 아래 위에서 양방향 압박을 받는 위치가 된다. 팀원들에게는 적성에 맞게, 혹은 필요한 일을 지시하여 할 수 있게 만들어 줘야 하고, 다른 팀과는 여러가지 이유로 싸워야 하며, 위의 임원들에게는 성과에 대한 압박을 받아야 한다.

이런 샌드위치가 된 중간관리자를 잘 수행하는 사람은 윗사람에게 인정받는 일을 잘하는 사람이다. 이게 기본적으로 잘되지 않으면 중간 관리자로 길게 가기 어렵다. 팀원을 압박하여 임원이 요구하는 일들을 잘하는 팀장은 팀원들에게 사랑받지는 못할지언정 팀장으로서의 입지는 탄탄히 구축할 수 있다. 하지만 아래 사람들을 계속적으로 착취함으로써 팀원들의 이탈은 막기 어렵다.

경험적으로 아랫사람을 착취해서 자기 성과인마냥 포장을 잘하는 사람이 대부분 임원까지는 어떻게든 가는 듯하다.

하지만 임원까지 욕심이 있는 사람이라면 반드시 자기 다음 사람을 키워야 한다. 일을 시키더라도 성과를 인정해 주고, 보상도 적절히 받을 수 있게 배려해야 한다. 그래야만 임원이 됐을 때 수족처럼 부릴 수 있는 사람이 주위에 남아 있는다.

1-3) 임원의 고충

C Level이라 불리는 직장 최고 단계로 진입하게 되면 팀장과는 또 다른 압박이 오게 된다. 우리나라의 대부분의 회사들은 개인 오너 중심의 회사다 보니 '실적=목숨'의 공식이 성립된다.

오죽하면 임원은 '임시 직원'의 약자라는 말이 있을 정도니 말이다. 임원이 되면 아래에 얼마나 실력 있는 자기 사람이 있느냐에 따라 자신의 성과를 낼 수 있는지 없는지가 팀장 때보다 더욱 더 명확하게 드러난다.

임원이 되면 팀장보다 커버해야 하는 영역이 더 넓어진다. 개인적인 능력이 아무리 출중하다 하더라도 능력이 닿지 않는 사각지역이 생긴다는 뜻이다. 그 부분을 능력 있는 팀장이 처리를 해 줘야 한다. 그런데 만약 아랫사람을 착취하면서 올라온 임원이라면 그 아래 믿음직한 사람을 데리고 있을 가능성이 매우 적다. 피라미드의 정점에 있는 대표가 되느냐 못 되느냐의 중요한 순간에는 결국 자신이 얼마나 많은 사람에게서 지지를 받고 있느냐 없느냐가 중요해지는 시기이다.

그리고 새로운 일들을 계속해서 추진해야 한다는 압박에 시달린다. 기존에 흘러오던 대로 회사가 운영되면 뭔가 자신의 업무 실적이 아무것도 없다는 느낌을 계속적으로 받는다. 그래서 계속적으로 무언가를 하게 되고, 형체를 알 수 없는 스트레스를 지속적으로 받게 된다.

각각의 위치에서 해야 할 일을 정리하자면 다음과 같다.

좋은 팀원: 팀장이 해야 할 일을 잘 이해하고 실행하는 것
좋은 팀장: 임원이 해야 할 일을 잘 이해하고 실행하는 것
좋은 임원: 대표의 고민을 잘 이해하고 실행해 주는 것
좋은 대표: 시장이 원하는 방향을 잘 이해하고 직원을 이끄는 것

요약하자면 내 상위자가 해야 하는 일을 대신 잘해 주는 것이다. 잘해 주려면 그 사람의 머릿속에 어떤 그림을 그리고 있는지 잘 이해할 수 있어야 한다. 믿을 만한 상사라고 생각이 든다면 일적으로든, 일 외적으로든 이해하려고 노력해 보자. 자기 바로 위의 상사와 눈높이만 잘 맞춰도 회사생활이 한결 수월해진다.

직장인 Ranking 1: 직장인들이 가장 짜증나는 순간은?

1. 퇴근 직전에 일거리 들어올 때

2. 같은 일 여러 번 반복하게 만들 때

3. 바쁜데 자꾸 나에게 일을 미룰 때

4. 상사가 쓸데없는 걸로 꼬투리 잡을 때

5. 의미 없는 야근을 할 때

6. 했던 얘기 자꾸 물어볼 때

7. 나는 바쁜데 동료가 농땡이 피울 때

직장인 Ranking 2: 스트레스를 가장 많이 받는 상사 스타일은?

1. 두리뭉실하게 업무지시를 하는 상사

2. 구성원들에 대해서는 무관심, 업무 결과만 챙기는 상사

3. 시간이 지남에 따라 지시사항이 계속 바뀌는 상사

4. 목적과 상관없이 막무가내식의 업무를 지시하는 상사

5. 상세내용까지 꼼꼼히 챙기며 업무를 지시하는 상사

6. 지식수준이 높아 구성원이 기준에 못 미치면 능력개발을 강요
   하는 상사

7. 기타 감정기복형, 책임전가형, 무관심형 등

2) 듣는 것이 중요하다

　조직생활에서 가장 중요한 부분은 잘 듣는 것이다. 하급자일 때는 윗사람이 하는 말이 마냥 잔소리 같고, 상급자는 하급자들이 일하기 싫어 징징댄다고 생각한다. 게다가 상급자가 되면 될수록 아랫사람이 하는 이야기를 들으려면 상당한 인내심이 요구된다. 이러한 이유로 조직 내 소통에 대한 문제는 상당히 오래전부터 관심사였으나, 잘 해결되지 않는 숙제 중 하나이다. 소통을 잘하기 위해 직급을 없애고 '~씨'라고 부르는 회사도 있고, 워크숍이나 단체활동을 지속적으로 운영하여 직원 간 소통을 유도하려는 회사도 있다.

　이런 노력이 좋은 결과로 이어지면 좋겠지만, 이를 시도한 회사들 중 성공한 사례는 극소수이며, 대부분의 오래된 제조업체들은 이런 시도조차 안 한다.

그럼에도 불구하고 조직에서 듣는 행위는 중요하다. 들을 때 중요한 것은 '의도와 목적'이다. 왜 이 이야기를 하는지, 어떠한 목적 때문에 하는지를 명확하게 파악해야 한다. (물론 술자리에서 할 수 있는 하소연을 듣는 것도 필요하다.) 듣기 위해서는 그 사람에 대한 관심이 있어야 하고, 시간이 필요하다.

우문현답이라는 말이 있다. '우리의 문제는 현장에 답이 있다.'라는 장난스러운 해석으로 풀이되기도 하는데, 여기에는 중요한 점이 있다. 모든 문제가 발생하는 곳은 현장이며, 현장에서 문제라고 말하는 부분 중에는 운영에 있어 중요한 개선점도 포함이 되어 있다.

만약 조직운영에 뭔가 문제가 있다고 생각한다면 일단 들어 보자. 듣는 가운데 내가 원하는 답이 숨어 있을 수도 있다.

패션업계의 최고 부호 아만시오 오르테가는 회사가 큰 관심을 받으며 상장할 때 이런 이야기를 했다고 전해진다.

"나 혼자만이 이루어 낸 일이 아니며 우리 모두가 해낸 일입니다. 저는 그중 한 명일 뿐입니다."

직원들 또한 오르테가에게 이렇게 말했다고 한다.

"당신은 나와 가족을 챙겨 주세요. ZARA는 우리가 챙기겠습니다."

직원은 근본적으로 회사가 자기 것이라고 생각할 수 없다. 또한 반대로 회사가 성장한다고 직원이 만족할 만큼 보상을 하는 회사는 존재하기 어렵다. (또는 충분히 보상을 해도 직원들은 만족하지 못한다.) 이처럼 금전적인 보상으로만 직원의 회사 몰입도를 높이기 어렵다.

하지만 개인적인 부분에 회사가 긍정적인 영향을 준다고 생각할 때는 충성심을 가지고 최선을 다하게 된다. 회사가 가족을 배려해 주고, 개인적인 어려움을 해결해 주면, 직원들은 회사에 긍정적인 영향을 주기 시작한다. 경영자들이 한 번 정도는 생각해 봤으면 하는 부분이다.

3) 결국은 사람

실무자로 열심히 일을 할 때는 조직의 구조, 프로세스, 매뉴얼이 잘되어 있다면 조직이 잘 굴러갈 것이라 생각했다. 인원변동이 생기더라도 백업할 수 있는 구조만 잘 만들어 둔다면 조직은 문제없이 돌아갈 것이라는 나름대로의 생각이었다. 그러나 한 해 두 해 회사생활이 반복되고, 몇몇 사람들로 인해 조직의 구조(구체적으로 사람)가 무너지는 것을 보고는 결국 중요한 것은 사람이라는 결론을 내렸다. 아무리 조직을 잘 구성해 둔다고 해도 운영을 하는 것은 결국 사람이기 때문이다.

삼국지에서도 조조가 이룩했던 위나라는 좋은 제도와 많은 인재를 기반으로 삼국통일을 이룩하였다. 그리고 다음 세대를 위한 기반도 닦아 두었다. 그러나 몇 세대 지나지 않아 사마의 가(家)의 반란으로 정권이 바뀌게 되고, 조조의 후손들은 역사의 저편으로 물러나게 된다.

그나마 조조는 나은 편이다. 유비는 유선이 즉위한 이후 국가 운영이 제대로 되지 않아 위나라에 머지않아 편입되어 버리고, 오나라의 손권은 후계 선정 과정에서의 혼란으로 좋은 인재들이 죽거나 떠나 버리고 만다.

이처럼 조직을 일으키는 것도 사람, 망치는 것도 사람이다. 사람을 잘 운영하는 것이 결국은 회사를 잘 운영하는 방법이란 생각이 든다.

잡담10: 섀클턴의 위대한 항해(규칙적인 생활의 중요성)

아문센이 남극을 정복한 후 남극 횡단을 위해 인듀어런스호를 타고 27명의 선원이 출항을 했다. 하지만 안타깝게도 목적지에 도착하기도 전에 인듀어런스호는 빙하에 끼어 침몰해 버리고 만다.

비록 원정은 실패하지만 영하 30도 이하의 극한의 날씨에 제한된 식량과 물품을 가지고 634일간 전원이 살아남은 스토리는 위기 상황에서 리더로서 어떻게 행동해야 할지를 보여 주고 있다.

잘 알려지지 않았지만 섀클턴이 출항하기 1년 전인 1913년, 빌흐잘므르 스테팬슨이 이끄는 캐나다 탐험대가 칼럭호를 타고 북극 탐험에 나섰고 탐험 도중 인듀어런스호와 비슷하게 빙벽에 가로막혀 고립되는 상황을 맞닥뜨렸다. 캐나다 탐험대는 북극에 고립된 지 수개월 만에 야수와 같이 변했고 거짓말과 속임수, 도둑질 등 극한 상황에서 인간이 보여 줄 수 있는 밑바닥 정서를 그대로 드러내 11명의 대원 모두 처참한 최후를 맞이했다.

섀클턴은 2년이 넘는 긴 시간 동안 같은 상황에서 어떻게 다른 결과를 가지고 온 것일까? 이유야 여러가지 있겠지만 크게 다음 네 가지의 요인이 있었다고 보여진다.

1. 대원 개개인의 성격을 파악하여 적절하게 업무를 할당, 배치하였다.
2. 끊임없이 필요한 부분에 대해 처해있는 환경에서 적극적으로 구하고 활용하였다.
3. 규칙적인 일과를 정해 대원들이 느슨해지지 않도록 하였다.
4. 섀클턴 개인의 능력과 지식이 뛰어났다.

남극점 최초 정복을 위한 스콧과 아문센에 비해 스토리가 잘 알려져 있지 않지만, 절망적인 상황에서 대원 그 누구도 낙오되지 않고 살아남았다는 사실만으로도 그들보다 더 위대한 기록을 남겼다고 생각한다.

팀이나 회사를 이끄는 위치에 있다면『섀클턴의 위대한 항해』를 꼭 한번 읽어 보기 바란다.

에필로그

SMALL WIN - 중국어 선생님이 해 주셨던 이야기, 평생의 동력원

고등학교 시절 제2외국어인 중국어 첫 시간에 선생님께서 해 주신 이야기가 있다.

"국어, 영어, 수학은 중학교 때 이미 어느 정도 공부 양이나 실력에 있어 차이가 생겼지만 중국어는 여기 모인 모든 사람이 같은 출발점에 서 있다. 그렇기 때문에 지금부터 열심히 하면 너도 일등으로 결승선을 통과할 수 있다."라는 아주 희망적인 이야기였다.

중학교 시절 성적이 좋지 못했던 나는 이 희망적인 이야기를 듣고 중국어 공부를 열심히 하기 시작했다. 그러나 공부머리가 없어서일까? 첫 중간고사에 50점을 받았다. 하지만 좋은 말씀을 해 주신 선생님이 좋아서인지, 중국어에 재미를 느끼고 지속적으로 공부를 하였다. 점수는 조금씩 올라 1학년 기말고사에서는 100점을 맞게 되었다. 신기한 것은 중국어 점수가 위로 쭉 치고 올라가고 난 이후에 다른 과목들도 조금씩 점수가 향상되는 기이한 경험을 하게 되었다. 아마도 중국어 점수가 오르면서 다른 과목들도 하면 된다는 자신감이 붙었던 것 같다.

사소하지만 하면 된다는 경험이 강화되면서 모든 일을 꾸준히 하면 이루어진다는 근거 없는 자신감이 생기게 되었다. 이러한 긍정적인 관성은 군대와 직장을 거쳐 계속적으로 나를 이끌어 주는 동력원이 되었고, 지금의 자아를 형성하는 데 큰 영향을 미친 밑거름이 되었다.

지금도 새로운 일을 하게 되면 "다 잘 모르는 일인데 지금부터 하면 나도 잘할 수 있어."라는 생각을 은연중에 하게 된다.

모든 일에는 자신감이 중요하다는 생각이 든다. 만약 무언가를 해야 하는데 자신감이 없다면 아주 쉬운 목표부터 세워 달성해 보자. 그리고 목표를 이룬 자신을 스스로 칭찬해 주자.

어느 순간 모든 일을 자신감 있게 하고 있는 자신을 발견할 수 있을 것이다.

마지막으로 이 책이 세상에 나올 수 있도록 업무적인 성장에 도움을 주신 사조산업, 시몬느, 쟈뎅 임직원 여러분, 클럽장으로서 10년 넘게 조직운영에 대한 고민을 하게 해 준 Ice Break 회원 여러분, 제목에 대한 조언을 아낌없이 해 준 영실이와 해민이, 표지 삽화를 도와준 수산2팀 막내 정은이, 책 교정을 봐 주신 아버지, 여러 고민을 함께 상의해 주신 어머니 그리고 가정에서 물심양면으로 도움을 준 아내에게 이 지면을 빌려 감사를 표한다.

책을 읽어 주신 모든 분들이 자신의 분야에서 성공하길 바란다.